San Bernardino County Studies
Number One

# THE BARSTOW PRINTER

## A Personal Name and Subject Index to the Years 1910-1920

Buckley Barry Barrett

R. Reginald
The Borgo Press
San Bernardino, California
MCMLXXXV

For My Wife, **Nannette**,
and for our children, who
patiently bore my extended
absences during preparation
of this book

Library of Congress Cataloging in Publication Data:

Barrett, Buckley Barry, 1948-
   The Barstow printer.

   (San Bernardino County studies ; no. 1)
   1. Barstow printer--Indexes.  I. Title.  II. Series.
AI27.B37B37 1985           071'.94'95           84-14550
ISBN 0-89370-840-2 (cloth, $19.95)
ISBN 0-89370-940-9 (paper, $12.95)

Copyright © 1985 by Buckley Barry Barrett.
All rights reserved.  No part of this book may be reproduced in
any form without the expressed written consent of the author.
Printed in the United States of America.  Binding by California
Zip Bindery, San Bernardino, CA.

Produced, designed, and published by R. Reginald and Mary A. Burgess, The Borgo Press, P.O. Box 2845, San Bernardino, CA 92406, USA.  Cover design by Michael Pastucha.

First Edition---December, 1985

## THE NEWSPAPER

The Barstow Printer covered events of Barstow, California and, to a lesser extent, those of the San Bernardino County desert area extending all the way to Nevada and Arizona. Researchers can also find summary or feature coverage of state, national, and international news. Local happenings, however, are the focus of this index.

Issues for the time period covered were published once a week on Thursdays or Fridays. Most issues ran from four to eight pages, with local stories taking up the first and last sheets along with parts of the inside pages. Town and country news naturally included individual marriages, deaths, illnesses, accidents, and the like, along with social events such as parties, dances, barbeques, swimming parties, picnics, etc. Many items covering these events took up only one sentence to one paragraph and probably contained as much gossip as fact. Major local stories took no more than one column or several paragraphs of space. Noteworthy local news centered on a number of economic, social, cultural, and miscellaneous issues of interest to the region.

Many columns dealt with the important employers of the region : the Santa Fe and other railroads, various gold and silver and other mining concerns, and the oil well companies. Accounts also appear of farmers and ranchers trying to wrest a living from the harsh desert environment. In-town businesses are not as well covered except in the form of advertisements; and information on laborers is scarce other than some columns on the railroad union and some isolated news concerning the miners. The newspaper continually wrote of roads and the need for more of them in order to better link together and develop the remote communities of such a huge county. Stories about water sources and utilities needed for economic growth appeared on occasion, as did data on the weather extremes of the region that affected jobs, agriculture, and most everything else.

Social and cultural news included much on the elementary and secondary schools of Barstow. Club and association meetings appeared often in the paper, with business and service groups receiving the most attention. The editors of the Printer demonstrated their support on more than one occasion for women's rights and suffrage. Conspicuous by their seeming scarcity were the few stories on crime and criminals. Recreational news included many lines on movie houses, local baseball games, parties and dances as mentioned before, circus visits, musical revues, fairs, and Chautauqua events. Religious news mostly appeared as notices of various meetings. Holiday excitement seemed highest around Independence Day. A number of amusing or otherwise entertaining poems of local origin may be found. The paper covered these and other kinds of stories in trying to describe community life and some of its civilized touches.

A number of miscellaneous topics stand out from the decade of coverage in this index. Political and governmental stories featured elections on local prohibition of alcoholic beverages, a continual cynicism toward all but the favored candidates, and heavy editorializing for the establishment of a separate desert county. Disastrous news included the influenza epidemic and the man-made disease of World War I. The multitude of stories on the Red Cross and other charities of the time represent examples of humanity trying to make up for its own wartime cruelty.

The editors seemed to enjoy their work, as evidenced by their free-wheeling style. As previously mentioned, gossip or chit-chat of a local nature was quite popular. Indeed, from the rural perspective of the time, everyday events did represent hard "news." In addition, the *Printer* did not generally follow the modern practice or pretense of separating facts from opinions. Many stories are heavily spiced with serious editorializing or amusing commentary. Because of these characteristics, I found the newspaper much more engaging than many dry tabloids of the present day. The reporters and editors--probably the same in many cases--obviously had a personal stake in the community and did not hesitate to describe their concerns.

## ABOUT THE INDEX

I have attempted here to provide a selective index to individual and community news for the 1910-1920 issues of the *Barstow Printer*. The index excludes most state, national, and international news except as these events had local consequences. Due to the great number of names and occurrences reported in even a weekly tabloid, and due also to my own time constraints, this access tool also could not exhaustively cover each issue for every name or event. Instead, I assigned subject and name headings for most headline stories of area import, but unfortunately had to leave out those regular columns that reported names and everyday happenings in one or two sentences per item.

Most indexed events have only been listed under one heading, although the primary people involved would also be given their own name headings. Secondary news could not always be listed. Repeating events or areas of concern have received sample listings in order to indicate their importance, and I have given brief mention to regular columns of common events and gossip. Gaps due to missing newspaper issues are listed at the close of this introduction.

The organization of the index follows a standard dictionary format. Name and topical headings have been placed in one alphabetical listing along with cross-references. Each entry contains the date, page, and column of appearance. In the case of identical headings, entries are filed alphabetically by their sub-headings. I used a general philosophy of grouping events within broader headings and then having sub-head entries describe the specifics. The alternative philosophy would have been to give the most precise headings as main entries. Either method has its advantages, but I selected the former in order to help the researcher try to find all related material in one index area. Because of the special interest people always have in biographical information, however, I have listed the names of individual persons as main entries and would probably do so in any type of index. A typical entry gives date, page, and column number of the relevant story. Some entries state "film spot," which refers to splotches on the microfilm copy which occasionally obliterated page numbers. This notation is also used when filming sequences did not match pagination.

## LOST ISSUES

1912 : December.

1913 : March (v3, n36-39), 25 July (v4, n4), October (v4, n14-18).

1914 : 6 Mar (v4, n36), 20-27 Mar (v4, n38-39), 24 Apr-1 May (v4, n43-44), 29 May (v4, n48), 3 July (v5, n1), 17 July-2 Oct (v5, n3-14), 16-23 Oct (v5, n16-17), 6-27 Nov (v5, n19-22).

1915 : 1 Jan-26 Feb (v5, n27-35), 12 Mar-30 Apr (v5, n37-44), 14 May (v5, n46), 28 May (v5, n48), 11 June-9 July (v6 misprinted 5 , n7-11), 30 July (v6, n14), 14 Aug (v6, n16), 27 Aug-3 Sept (v6, n18-19), 17 Sept-15 Oct (v6, n21-25), 19 Nov-10 Dec (v6, n30-33).

1916 : 21 Jan (v6, n39), 18-25 Feb (v6, n43-44), 17 Mar-5 May (v6, n47-v7, n2), 19-26 May (v7, n4-5), 9 June-7 July (v7, n7-11), 28 July-29 Sept (v7, n14-23), 13-27 Oct (v7, n25-27), 10-24 Nov (v7, n29-31), 15-29 Dec (v7, n34-36).

1917 : 5-19 Jan (v7, n37-39), 2 Feb (v7, n41), 9 Mar (v7, n46), 11 May-1 June (v8, n3-6), 6 July-28 Dec (v8, n11-36).

1918 : 4-11 Jan (v9, n37-38), 25 Jan-29 Feb (v9, n40-45), 14 Mar-18 Apr (v9, n47-51), 17 Oct (v10, n25), 31 Oct-7 Nov (v10, n27-28).

1919 : 4-25 Sept (v11, n19-22).

1920 : 1 Jan (v11, n38), 4 Mar (v11, n46).

ACKNOWLEDGEMENTS

I would like to thank the San Bernardino County Librarian, Barbara Anderson, and one of the librarians on her staff, Marjorie Merritt, for making the microfilm of the <u>Printer</u> available to me on special extended loan for the purpose of constructing this index.

## SUBJECT-NAME INDEX

ADAMS, MABEL B.                              30 Sept 1910 (p4, c1)

ADDISON, EDWIN M.--marriage                  16 Feb 1917 (p1, c2)

ADDISON, HARRY--marriage                     18 July 1918 (p1, c5)

ADDISON, MARY JANE, Mrs.--remarriage         5 Aug 1920 (p1, c5)

ADDY, NORVEL E.--marriage                    24 Feb 1911 (p1, c4)

AGRICULTURAL BUREAUS

    administration    24 June 1920 (p1, c3), 15 July 1920 (p2, c1)

    farm agents    16 Mar 1917 (p1, c4), 9 Jan 1919 (p1, c5), 10 Apr 1919 (p3, c1), 17 Apr 1919 (p1, c2), 15 May 1919 (p1, c5), 12 June 1919 (p1, c5), 14 Aug 1919 (p1, c5), 8 Jan 1920 (p1, c2), 18 Mar 1920 (p4, c1)

    home agents    20 Nov 1919 (p1, c2), 11 Dec 1919 (p1, c3), 15 Jan 1920 (p1, c5), 26 Feb 1920 (p1, c3), 18 Mar 1920 (p4, c3), 1 Apr 1920 (p1, c3), 17 June 1920 (p1, c5), 16 Sept 1920 (p1, c5), 23 Sept 1920 (p1, c2)

    University advisers                      28 Oct 1920 (p1, c5)

    youth clubs                              27 Nov 1919 (p1, c2)

AGRICULTURAL CO-OPS

    Hinkley Coop. Assn.    24 Jan 1913 (p8, c2), 7 Feb 1913 (p8, c4)

    Hinkley Dairy & Livestock Assn.          13 Feb 1919 (p1, c5)

    Hinkley Valley Co-op    25 Apr 1913 (p5, c4), 16 May 1913 (p5, c1)

AGRICULTURAL DEVELOPMENT--see Real estate

AGRICULTURE

    alfalfa    10 Nov 1911 (p1, c1), 19 Jan 1912 (p2, c2), 29 Mar 1912 (p1, c2), 9 Aug 1912 (p1, c3), 23 Aug 1912 (p8, c4), 27 June 1913 (p8, c3)

    alkali and gypsum                        12 Nov 1915 (p1, c5)

AGRICULTURE (cont.)

    almonds                       24 July 1919 (p1, c2), 8 Apr 1920 (p1, c1)

    apples     17 May 1912 (p1,c4), 4 Dec 1914 (p4, c1-2), 11 Feb 1916 (p1, c2&4)

    auctions     5 Feb 1920 (p1, c3; p4, c4-5), 12 Feb 1920 (p4, c4-5)

    bees & honey   9 Sept 1910 (p2, c1), 20 Jan 1911 (p1, c1), 12 Dec 1913 (p4, c1)

    Box S Ranch                 11 July 1913 (p8, c5)

    cattle   6 Oct 1911 (p2, c4), 29 Mar 1912 (p1, c2), 12 Apr 1912 (p2, c4), 26 Dec 1913 (p1, c3), 4 May 1917 (p4, c1), 1 May 1919 (p2, c1-2), 8 May 1919 (p1, c1), 12 June 1919 (p1, c1)

    cattle ads                  3 July 1919 (p4, c1-2)

    cattle branding laws         21 Nov 1918 (p1, c2)

    cattle damage     13 Sept 1912 (p5, c2), 22 Jan 1920 (p1, c2)

    cattle fencing              4 Nov 1910 (p1, c2)

    chickens, turkeys, etc.--see Agriculture -- poultry

    controls, federal            25 Apr 1918 (p2, c1-2)

    corn                               19 Jan 1912 (p3, c1)

    cotton       2 Dec 1910 (p2, c1), 12 Jan 1912 (p3, c1), 21 Nov 1918 (p1, c5)

    court cases                 16 Jan 1914 (p4, c1)

    cattle, dairy     10 Apr 1919 (p1, c1-2), 13 Nov 1919 (p1, c2)

    dairy products              14 Aug 1919 (p1, c5)

    demonstrations & exhibits   27 Feb 1919 (p1, c3), 8 Jan 1920 (p1, c2), 15 Jan 1920 (p1, c1&3), 12 Aug 1920 (p1, c2)

    Devore Ranch                10 June 1920 (p1, c2)

    dynamite use                16 Feb 1912 (p5, c1)

    editorials & letters   7 July 1911 (p3, c1), 11 Aug 1911 (p3, c3), 18 Dec 1914 (p8, c1-2), 23 July 1915 (p4, c1-4), 20 Aug 1915 (p4, c1-2), 29 Oct 1915 (p1, c3), 6 Mar 1919 (p2, c1-2), 13 Mar 1919 (p2, c1-2), 17 June 1920 (p1, c2), 9 Sept 1920 (p1, c4), 21 Oct 1920 (p1, c4)

AGRICULTURE (cont.)

   electric power    6 Apr 1917 (p1, c1), 2 May 1918 (p2, c3), 25 Mar 1920 (p1, c2)

   fairs--see Recreation -- Orange Show; -- Southern California Fair; etc.

    The farm boy's creed                    9 Oct 1914 (p1, c4)

    federal loans              17 Dec 1915 (p4, c1-2, film spot 2)

    federal statistics                 25 Apr 1918 (p1, c5)

   fruit  8 Sept 1911 (p2, c1), 20 Oct 1911 (p2, c1), 3 Nov 1911 (p2, c3), 29 Mar 1912 (p1, c2), 10 May 1912 (p4, c3), 4 Apr 1913 (p1, c2), 23 Jan 1919 (p1, c5), 8 Jan 1920 (p1, c2)

    fruit horticulturist             30 Dec 1910 (p3, c4)

    Harland Ranch                   21 Oct 1920 (p1, c4)

    hogs           19 Jan 1912 (p2, c2), 14 Aug 1919 (p1, c5)

    Lakeview Ranch                  16 Jan 1914 (p8, c4)

    livestock                       21 Aug 1919 (p1, c4)

    machinery                     22 Apr 1920 (p1, c2)

    machinery ads    29 Jan 1920 (p2, c5), 16 Dec 1920 (p4, c3-5)

    machinery financing     24 Oct 1918 (p2, c3; p4, c3-4)

   misc.  14 July 1911 (p4, c1), 18 Aug 1911 (p1, c1), 30 Jan 1914 (p1, c4), 20 May 1920 (p1, c3), 16 Dec 1920 (p1, c2)

    Mojave River Land & Water       5 May 1911 (p2, c4)

    plums                          21 July 1916 (p8, c3)

   potatoes  26 Jan 1912 (p5, c4), 2 Feb 1912 (p2, c3), 9 Feb 1912 (p2, c2-3), 14 Nov 1913 (p1, c5)

   poultry  19 Jan 1912 (p6, c2), 10 May 1912 (p4, c3), 16 May 1913 (p4, c1), 5 Mar 1915 (p4, c3-4), 12 June 1919 (p1, c5), 20 May 1920 (p1, c5), 12 Aug 1920 (p1, c2), 2 Dec 1920 (p1, c3)

   railroad assistance agent  8 Aug 1913 (p1, c1), 12 Sept 1913 (p1, c4)

    ranches                       12 July 1912 (p2, c2)

    seeds, free experimental       20 Jan 1911 (p1, c2),
                                                3 Feb 1911 (p7, c1)

AGRICULTURE (cont.)

   sheep hybrids                          10 May 1912 (p2, c2)

   sugar beets                            7 Feb 1913 (p8, c5)

   Todos Santos Ranch              21 Oct 1920 (p1, c5)

   Van Dyke Ranch                  12 June 1919 (p1, c5)

   Waterman Ranch   16 May 1918 (p1, c1), 8 May 1919 (p1, c1), 12 June 1919 (p1, c5), 14 Oct 1920 (p1, c4)

   watermelon       29 Aug 1913 (p1, c1), 5 Sept 1913 (p8, c2)

   wind breaks                        20 Aug 1915 (p5, c3)

   Zanini Farm                          26 Aug 1910 (p3, c4)

   Zanini Ranch                       11 July 1913 (p1, c2)

AGRICULTURE--APPLE VALLEY   25 Aug 1911 (p3,c1), 26 Jan 1912 (p3, c4), 2 Feb 1912 (p7, c4)

AGRICULTURE--BARSTOW   18 Apr 1913 (p1, c5), 19 Sept 1918 (p1, c5)

AGRICULTURE--BIG MEADOWS         10 Sept 1915 (p1, c1)

AGRICULTURE--HINKLEY               6 Mar 1919 (p2, c1-2)

AGRICULTURE--MANIX                 19 Dec 1913 (p1, c5)

AGRICULTURE--MINNEOLA   10 Feb 1911 (p2, c4), 12 May 1911 (p1, c4), 4 Aug 1911 (p1, c1), 29 Nov 1912 (p2, c1)

AGRICULTURE--SILVER LAKE          5 Dec 1913 (p4, c2)

AGRICULTURE--SUNRISE VALLEY      30 May 1913 (p8, c3)

AGRICULTURE--WATERMAN   24 Feb 1911 (p2, c4), 5 May 1911 (p2, c4)

AIRPLANES   12 May 1916 (p1, c1), 6 May 1920 (p1, c2), 30 Sept 1920 (p1, c4), 7 Oct 1920 (p1, c5), 2 Dec 1920 (p4, c3)

AIRPORTS--BARSTOW   29 Jan 1920 (p1, c3), 11 Mar 1920 (p1, c3), 29 Apr 1920 (p1, c5)

ALCOHOL CONTROL

   elections--see Elections -- alcohol control

   misc.   31 Mar 1911 (p4, c2), 30 June 1911 (p2, c4), 21 July 1911 (p4, c1), 28 July 1911 (p4, c1), 20 Oct 1911 (p2, c2), 19 Jan 1912 (p5, c1), 23 Feb 1912 (p4, c4), 5 July 1912 (p2, c4), 27

Sept 1912 (p1, c2), 25 Apr 1913 (p4, c1-2), 2 May 1913 (p4, c1-2; p5, c1-3), 18 July 1913 (p4, c1), 22 May 1914 (p1, c5), 26 June 1914 (p2, c1), 10 July 1914 (p2, c1; p3, c1)

ALF, WALTER--marriage                    9 Jan 1919 (p1, c4)

ALFORD, CLAUDE "Tuffy" (fireman)
  arrested for jewel theft            23 May 1913 (p1, c2)

ALLEN, A. G., Miss--library attendant    15 May 1914 (p1, c3)

ALLISON, HARRY
  candidate                              8 July 1910 (p1, c2)

  elected County Recorder             11 Nov 1910 (p4, c1)

AMBOY--news--regular column 1910

AMERICAN EXPRESS COMPANY--see Freight and express

ANDERSON, HARRY                    23 Feb 1917 (p1, c3)

ANIMAL ABUSE       8 Mar 1912 (p3, c2-3), 30 May 1913 (p1, c5)

ANIMALS--see Wild animals; Agriculture

APPLE VALLEY--news--regular column 1910-1912

ARCHAEOLOGY--horse fossils           21 Apr 1911 (p1, c2)

ARDERY, WALTER RAY--marriage        15 May 1914 (p1, c4)

A.T. & S.F. Railway--see Railroads (Santa Fe)

ATOLIA--misc.--occasional column 1916-1920

AUCHINACHIE, J. T.

  candidate--see also Elections -- Supervisor; Politics
              20 Sept 1912 (p1, c2), 27 Sept 1912 (p2, c1)

  death                                12 Dec 1913 (p1, c4)


AUTO ACCIDENTS--see Motor vehicle accidents

AVEY, JOHN L.
  candidate    19 Aug 1910 (p4, c2), 28 Oct 1910 (p2, c1, photo)


BAGDAD--misc. news--irregular column 1912

BAGULEY, JAMES L.--death            11 Feb 1916 (p5, c2)

BAILEY, LUCILLE, Mrs.--marriage to Haggard  13 June 1913 (p4, c1)

BALLARD, GLADYS--death                          6 Nov 1919 (p1, c5)

BARNES, DR.                                     28 Oct 1910 (p3, c4)

BARNHOUSE, ETHEL--marriage                      18 July 1918 (p1, c5)

BARRY, E. D.                                    21 Oct 1920 (p1, c5)

BARRY, E. D., Jr.                               29 June 1917 (p1, c3)

BARSTOW

   general maps, photos, etc.              1 Aug 1913 (p1, c1-4)

   image                                    7 Mar 1918 (p1, c1)

   misc. news--column under "Local News", "Barstow Brevities", etc.

BASEBALL--see Recreation--Baseball

BAUER, JOHN--woman in disguise                  16 Jan 1919 (p1, c5)

BAUER, WILLIAM                                  30 May 1918 (p1, c1)

BEAR VALLEY--misc.      2 Aug 1912 (p2, c1), 16 Aug 1912 (p1, c2)

BEDELL, S. A.
   candidate--see also Elections--Supervisor; Politics
                                                2 Aug 1912 (p1, c2)

   marriage                                 9 Feb 1912 (p1, c3)

BEES--see Agriculture--bees & honey

BEHAN, P. J., Reverend--Union Church            21 Feb 1913 (p1, c3)

BELL, J. E. (minister)                          10 Sept 1915 (p6, c3)

BELTS, ROBERT, Mr. & Mrs.                       15 July 1920 (p1, c5)

BENNETT, CARRIE--visits Frank Bennett grave     6 June 1913 (p1, c4)

BENNETT, CARRIE E.
   Mojave Cattle Queen                      2 Sept 1910 (p1, c2-3, photo)

BENNETT, FRANK
   grave visited                            6 June 1913 (p1, c4)

   shoots self                              24 Mar 1911 (p1, c2)

BENNETTE, J. F.--candidate                      3 June 1920 (p2, c3)

BENNICK, C. G. H.--candidate                    19 Aug 1910 (p4, c2)

BENNYAN, PHILLIPPO                              24 June 1920 (p1, c3)

BERGER, S. G.--candidate                    25 July 1918 (p4, c5)

BERRY, H. E.                                5 Sept 1913 (p1, c4)

BLAIR, E. SCOTT, Dr.                        10 Sept 1915 (p1, c1)

BLAKE, JOHN
  arrested for murder                       5 Apr 1912 (p3, c2)

  death                                     10 Mar 1916 (p8, c1)

BLAKESLEE, H. D.
  candidate    19 Aug 1910 (p4, c2), 7 Oct 1910 (p3, c4, photo)

BLEDSOE, BENJAMIN F. (Judge)
  candidate                                 21 Oct 1910 (p3, c4, photo)

  recall stand                              15 Sept 1911 (p10, c2, photo)

BLEDSOE, J. B.--court decision for          16 Jan 1914 (p4, c1)

BONDS, COUNTY--see County bonds

BONDS, SCHOOL--see Elections; Elections (Local)

BONNOIT, MARIA--marriage                    13 June 1918 (p1, c3)

BOOKS--see Publications

BOROSOLVAY--misc.--occasional column 1920

BOWLES, A. W.--killed                       12 Dec 1913 (p1, c5)

BOYLE, WILL, Mrs.                           13 Nov 1919 (p1, c5)

BRANCH, GEORGE L.                           31 Dec 1915 (p2, c2)

BRASS, CHARLES G.
  marriage                                  13 June 1918 (p1, c2)

  misc.                                     5 June 1919 (p1, c2)

BRIDGES--see Roads--Bridges

BRIGHT, J. S.
  candidate  15 July 1910 (p1, c2), 19 Aug 1910 (p4, c2), 28 Oct
  1910 (p3, c4)

  elected San Bernardino Mayor              14 Apr 1911 (p1, c1)

BRIODY, T. F. (Harvey House Mgr.)           8 Sept 1911 (p1, c3)

BRISON, W. W.                               26 Feb 1920 (p1, c2)

BROCK, LEORA (teacher)                      3 Feb 1911 (p7, c3)

13

BROWN, ELMER W.--murder charge         2 Oct 1919 (p1, c1)

BROWN, FRED                            14 Oct 1910 (p4, c4)

BROWN, IRA D.                           6 Jan 1911 (p2, c1)

BROWN, W. H., Mrs.--birthday           15 Sept 1911 (p2, c2)

BROWN, WILL L.--candidate               2 Sept 1910 (p1, c1)

BROWN, R. E.                           12 Nov 1915 (p1, c1)

BRUHN, FRANK W.                        26 Sept 1918 (p1, c3)

BRUHN, FRED--marriage                  15 Apr 1920 (p1, c3)

BRYAN, L. KENT--death                  10 June 1920 (p1, c2)

BUNNELL, E.                            15 Jan 1920 (p1, c1)

BUSH, PETER--dies in desert            18 July 1913 (p4, c2)

BUSINESS

    appliance ads                      19 June 1919 (p3, c4-5)

    auto ads (sales, repairs, gas)  26 Jan 1912 (p3, c1), 1 Aug 1913 (p1, c5), 12 Dec 1913 (p4, c3-4), 12 June 1914 (p2, c3-4), 25 Dec 1914 (p5, c4-5; p6, c4-5; p7, c1-2), 17 Dec 1915 (p6, c1-2), 14 Jan 1916 (p6, c1-2, photo), 4 Feb 1916 (p3, c4-5, photo), 6 Oct 1916 (p6, c2-5), 29 June 1917 (p2, c1-2), 18 Jan 1918 (p2, c1-2), 5 Sept 1918 (p2, c1-2), 6 Feb 1919 (p4, c4-5), 27 Feb 1919 (p3, c1-2), 27 Mar 1919 (p2, c1-4), 3 July 1919 (p2, c1-2&4), 11 Dec 1919 (p4, c4), 29 Jan 1920 (p3, c4-5; p4, c5), 2 Dec 1920 (p7, c3-5)

    bakery ads                         29 Aug 1918 (p3, c2)

    bank ads  18 Dec 1914 (p2, c4-5), 29 Aug 1918 (p3, c3-4), 6 Mar 1919 (p3, c4-5), 3 Apr 1919 (p5, c4-5)

    battery ads                        23 Sept 1920 (p3, c1-2)

    beer ads           7 Oct 1920 (p2, c3-5), 11 Nov 1920 (p3, c1-3)

    butcher ads     26 July 1912 (p6, c2-3), 29 Aug 1918 (p3, c3-4)

    clarivoyant ads                    29 Oct 1915 (p3, c2)

    clubs & assns.--see Clubs and assns.

    controls, federal                  10 Oct 1918 (p1, c4)

    delinquent notices  6 June 1913 (p5, c1-2&4), 1 Aug 1913 (p8, c4-5)

BUSINESS (cont.)

    department store ads   12 Jan 1912 (p1, c2-3), 22 Oct 1915 (p2, c3-5)

    drug store ads   22 Dec 1911 (p1, c2-3), 7 May 1915 (p8, c4-5), 29 Aug 1918 (p3, c3-4), 19 Dec 1918 (p2, c1-2), 8 May 1919 (p3, c4-5), 20 Nov 1919 (p4, c4-5), 12 Aug 1920 (p6, c2-3)

    editorials   3 Nov 1911 (p2, c3), 10 Nov 1911 (p1, c3), 12 Jan 1912 (p3, c3), 11 Dec 1914 (p8, c1-2)

    general mdse. ads   16 Dec 1920 (p3, c1-5)

    grocery ads   7 Nov 1913 (p8, c5), 13 Apr 1917 (p2, c4-5), 2 Jan 1919 (p5, c4-5), 3 Apr 1919 (p3, c1-2), 9 Dec 1920 (p2, c1-2; p5, c2-5)

    heating oil ads   4 Nov 1920 (p3, c1-5)

    hotel ads   22 Nov 1912 (p1, c2-3), 7 May 1915 (p6, c4-5; p8, c3), 23 July 1915 (p5, c4-5), 24 Dec 1915 (p7, c4-5), 18 Jan 1918 (p2, c4-5)

    kerosene ads   26 June 1919 (p3, c2-3)

    laundary ads   29 June 1917 (p3, c5), 2 Dec 1920 (p8, c5)

    livery stable ads   29 Dec 1911 (p2, c2-3), 13 Mar 1914 (p2, c3-4)

    newspaper advertising   29 July 1920 (p1, c5)

    nursery ads   4 Dec 1919 (p6, c1-2), 8 Jan 1920 (p4, c1-2)

    produce market ads   6 Mar 1919 (p3, c4-5)

    restaurant ads   29 Nov 1912 (p2, c2-3), 19 June 1914 (p3, c3), 24 Dec 1915 (p6, c5), 4 Feb 1916 (p3, c4-5), 29 June 1917 (p2, c3-5; p4, c1-2), 18 Jan 1918 (p2, c4), 1 May 1919 (p4, c4), 22 July 1920 (p2, c1)

    restaurants, Chinese   22 Aug 1913 (p1, c4)

    saloon & liquor ads   22 Dec 1911 (p8, c2-3), 29 Nov 1912 (p2, c2-3)

    soft drink ads   2 Oct 1919 (p3, c1-3)

    tailor ads   29 Sept 1911 (p8, c2-3), 27 Oct 1911 (p4, c2-3), 18 July 1918 (p3, c1-2), 6 Feb 1919 (p3, c1-2), 22 July 1920 (p3, c2-3)

    tire ads   12 Aug 1920 (p3, c1-4)

BUSINESS (cont.)

   tobacco ads   3 July 1919 (p2, c3-5), 14 Aug 1919 (p2, c3-5), 13 Nov 1919 (p2, c3-5; p4, c3-5), 1 Apr 1920 (p3, c3-5; p4, c2-3), 6 May 1920 (p3, c1-3), 26 Aug 1920 (p4, c3-5), 30 Dec 1920 (p4, c3-5)

   typewriter ads                       5 Nov 1915 (p6, c3-5)

   wineries                               5 Dec 1913 (p1, c4)

BUSINESS--AMBOY

   Amboy Cement Plaster Co.   16 Dec 1910 (p2, c4), 27 Jan 1911 (p1, c2-3, photo)

   Crystal Salt                          19 Jan 1912 (p5, c4)

BUSINESS--BARSTOW

   attorneys                              8 Dec 1916 (p1, c1)

   bank service                         30 Mar 1917 (p1, c5)

   Barstow Bakery                   11 Dec 1914 (p3, c4-5)

   Barstow Dairy                    13 Apr 1917 (p2, c3)

   Barstow Dept. Store           8 Dec 1916 (p6, c1-5)

   Barstow Drug Store           12 May 1916 (p3, c2)

   Barstow Garage   25 Mar 1920 (p1, c1), 3 June 1920 (p1, c2), 29 July 1920 (p9, c1-4)

   Barstow Savings Bank      5 Mar 1915 (p3, c2&3; p5, c3)

   Central Garage   4 July 1913 (p1, c2), 8 Aug 1913 (p1, c2), 29 July 1920 (p1, c1)

   City Meat Market             23 Mar 1917 (p2, c4-5)

   Cottage Cafe                      12 Nov 1915 (p1, c1)

   creamery proposed   3 Oct 1918 (p1, c1), 26 Aug 1920 (p1, c5)

   dairy needed   20 Aug 1915 (p1, c2), 12 Nov 1915 (p1, c5)

   drug stores                           6 Feb 1919 (p1, c5)

   editorials                             16 Feb 1912 (p1, c1)

   Fagerberg's (John) Gen. Mdse.   23 Feb 1917 (p1, c3; p3, c1-4), 30 Mar 1917 (p1, c5), 4 May 1917 (p4, c1-3)

BUSINESS--BARSTOW (cont.)

    Fayle Dept. Store                                2 June 1916 (p1, c3)

    Flint's Ice Cream & Chocolate Parlor   12 May 1916 (p3, c2), 2 June 1916 (p1, c5)

    funeral homes                                  13 Mar 1914 (p2, c5)

    grocery stores                                5 Dec 1918 (p1, c5)

    Harvey House restaurant   27 Jan 1911 (p1, c1), 3 Feb 1911 (p1, c2), 17 Feb 1911 (p1, c1), 24 Feb 1911 (p8, c3), 13 Apr 1917 (p5, c3), 19 June 1919 (p1, c5), 3 July 1919 (p1, c1)

    Henderson (Lubin J.), Tailor   11 July 1913 (p1, c1-2, photo), 2 Jan 1914 (p8, c3-4), 12 Nov 1915 (p8, c3-5, ill.), 31 Dec 1915 (p8, c2-3, ill.), 27 Apr 1917 ( film spot 5 , c1-2), 22 July 1920 (p3, c2-3), 5 Aug 1920 (p3, c2-3)

    Henderson's Dept. Store                9 Jan 1914 (p5, c1-2)
      sold                                        17 Dec 1915 (p1, c2)

    Hillis (E. T.)
      Ford Garage    5 June 1914 (p2, c3-4), 30 Oct 1914 (p2, c4-5)

      Livery Stable                         30 Oct 1914 (p4, c4-5)

    Hotel Barstow                               2 June 1916 (p1, c5)

    Hotel Melrose     18 Dec 1914 (p5, c2-3), 23 Feb 1917 (p1, c4)

    ice cream factory proposed           26 Aug 1920 (p1, c5)

    laundry-by-mail                         18 Jan 1918 (p4, c4-5)

    laundry proposed   7 July 1911 (p3, c1), 10 Nov 1911 (p3, c1), 17 Jan 1913 (p1, c2)

    mills                                           6 Apr 1917 (p5, c5)

    pool hall ads   15 Apr 1920 (p4, c2-3), 22 July 1920 (p3, c4-5; p4, c1)

    White's Drug Store                      7 Oct 1920 (p5, c1-5)

    Zent's (J. S.), Tailoring Representative   11 Dec 1914 (p2, c2-3, ill.)

BUSINESS--CALICO--mills                 29 July 1920 (p1, c2)

BUSINESS--CRUCERO--Pacific Salt & Soda     25 Aug 1911 (p3, c3)

BUSINESS--DAGGETT
    borax                                         11 Aug 1911 (p4, c4)

BUSINESS--DAGGETT (cont.)

   Ryerson's Gen. Mdse.                   30 Dec 1920 (p1, c3)

BUSINESS--GOODSPRINGS--Hotel Fayle       12 May 1916 (p8, c2)

BUSINESS--LUDLOW
   Murphy Bros.      16 Dec 1910 (p3, c4), 14 Nov 1913 (p1, c1)

   Universal Ceramic                  3 Nov 1911 (p3, c4)

BUSINESS--NEEDLES
   Cooperative Mercantile Assn.        16 June 1911 (p1, c1)

BUSINESS--ORO GRANDE

   cement   12 May 1911 (p1, c1), 19 May 1911 (p2, c1), 21 July 1911 (p2, c1), 3 Jan 1913 (p8, c3)

   Golden State Portland Cement   30 Dec 1910 (p2, c4), 20 Jan 1911 (p2, c4), 3 Mar 1911 (p1, c1), 26 Apr 1912 (p1, c4), 24 Jan 1913 (p8, c3)

BUSINESS--SALTDALE
   Consolidated Salt         11 Nov 1920 (p4, c3-5, photos)

BUSINESS--SEARLES LAKE--potash plants     29 Apr 1920 (p1, c2)

BUSINESS--TODOS SANTOS
   Todos Santos Garage       29 June 1917 (p1, c3; p3, c3-4)

BUSINESS--TRONA--chemicals            7 Mar 1918 (p1, c1)

BUSINESS--VICTORVILLE

   blacksmith                       26 Dec 1913 (p8, c5)

   stamp mills                     25 Nov 1910 (p4, c4)

   Victor Portland Cement        16 Sept 1910 (p4, c4)

   Victorville Custom Mill        16 Dec 1910 (p4, c1)

BUTLER, GEORGE E. (Supervisor)
   see also Government, County; Politics; Elections

   appointed Supervisor           16 Dec 1910 (p4, c1)

BYRNE, J. J.--sentencing             15 Aug 1913 (p4, c1)

CAHILL, ELIZABETH, Mrs.--death        6 Aug 1915 (p1, c4)

CALDWELL, MARGUERITE MARIE--marriage   24 June 1920 (p1, c2)

CALIFORNIA--size & proposed split      6 Jan 1911 (p2, c4)

CANNON, GUY W.--death by flu			28 Nov 1918 (p1, c2)

CAPPS, G. E.--buys cafe			12 Nov 1915 (p1, c1)

CARDENAS, MARCUS--killed by gunshot		22 May 1914 (p1, c3)

CARR, CLIFFORD--marriage			20 Nov 1919 (p1, c1)

CARTER, T. O. (Judge)
  candidate				25 July 1918 (p4, c5)

  misc.				4 July 1918 (p1, c1)

CARTER, VERNON
  marriage				8 Jan 1920 (p1, c3)

  misc.		13 June 1918 (p1, c5), 19 Dec 1918 (p1, c5)

CASE, PAUL--murder charge			12 Dec 1912 (p1, c5)

CASEBEER, HAZEL--marriage			8 Jan 1920 (p1, c3)

CASEBERE, DAISY, Mrs.--marriage		8 May 1919 (p1, c4)

CATTLE QUEEN--MOJAVE		2 Sept 1910 (p1, c2-3, photo)

CENSUS, SCHOOL				6 Nov 1919 (p1, c5)

CENSUS, U.S.    18 Dec 1918 (p1, c3), 8 Jan 1919 (p1, c3), 12 Aug 1920 (p1, c2)

CHAMBERS OF COMMERCE--see Clubs and assns.

CHARITIES

  overseas relief			13 Feb 1919 (p1, c5)

  Red Cross (see also World War I--volunteers)
    4 May 1917 (p1, c3), 22 June 1917 (p1, c1&4-5), 12 Dec 1918 (p1, c5), 19 Dec 1918 (p4, c1-3), 26 Dec 1918 (p1, c3), 2 Jan 1919 (p1, c3), 16 Jan 1919 (p1, c3), 13 Feb 1919 (p1, c1), 27 Mar 1919 (p1, c3), 5 June 1919 (p1, c5), 19 June 1919 (p1, c1), 2 Oct 1919 (p1, c5), 9 Oct 1919 (p1, c2), 20 Nov 1919 (p1, c1), 4 Dec 1919 (p1, c1; p6, c2&3), 8 Jan 1919 (p1, c3), 11 Nov 1920 (p1, c2)

  Salvation Army    20 Mar 1919 (p1, c2), 27 Mar 1919 (p1, c1)

CHENEY, M. P.--retires from Santa Fe		26 Sept 1913 (p1, c1)

CIMA--misc.--occasional column 1910-1914

CIVIL LAW--pool rooms			16 May 1913 (p4, c1; p8, c5)

CLANCY, W. M.--mining claims			3 Feb 1911 (p1, c3)

CLANCY, WILL--marriage                     22 Apr 1920 (p1, c3)

CLARK, MEARLE G., Mrs.--marriage           10 Oct 1918 (p1, c5)

CLARY, CHARLES--marriage                   22 May 1919 (p1, c2)

CLUBS AND ASSOCIATIONS
  see also Charities; World War I--volunteers

  Almond Cove Social Society               12 June 1919 (p3, c3)

  Apple Valley Improvement Assn.  11 Aug 1911 (p2, c3), 4 June 1915 (p6, c2)

  Argus Club (Borosolvay)                  6 May 1920 (p1, c2)

  Auto. Club of So. Calif.                 1 Apr 1920 (p1, c2)

  Barstow Chamber of Commerce   20 Apr 1917 (p1, c3), 27 Apr 1917 (p1, c3-4), 11 Dec 1919 (p1, c3), 8 Apr 1920 (p1, c3), 15 Apr 1920 (p1, c2), 6 May 1920 (p1, c3), 25 Nov 1920 (p1, c3), 2 Dec 1920 (p1, c1)

  Barstow Gun Club       6 Oct 1916 (p1, c2), 1 Dec 1916 (p1, c4)

  Barstow merchants                        18 Nov 1920 (p1, c3)

  Big Bear Chamber of Commerce             24 June 1920 (p4, c1)

  Bon Ton Coterie--see Recreation

  Desert Holly Lodge (see also Clubs and assns--Loyal Star Auxiliary)         8 Jan 1920 (p1, c5), 16 Dec 1920 (p1, c3)

  Elks of So. Calif.                       18 Nov 1920 (p1, c3)

  Good Roads groups   24 Jan 1913 (p1, c3), 7 Feb 1913 (p1, c1), 14 Feb 1913 (p1, c1), 28 Feb 1913 (p1, c4), 25 Apr 1918 (p1, c1), 2 Oct 1919 (p1, c2)

  Hesperia Social Club                     29 Nov 1912 (p10, c3)

  Horticulture Protective Assn.            26 Dec 1913 (p8, c5)

  Loyal Star Auxiliary--see also Desert Holly Lodge
                                           17 Apr 1919 (p1, c5)

  Lucerne Valley Improvement Assn.  18 Apr 1913 (p8, c3), 9 May 1913 (p8, c3), 7 Nov 1913 (p8, c5), 9 Jan 1914 (p8, c3), 13 Mar 1914 (p4, c3-5), 4 June 1915 (p6, c1-2)

  Mojave River and Valleys Improvement Assn.  4 June 1915 (p1, c1-2), 16 July 1915 (p5, c2-3), 6 Aug 1915 (p5, c2-3), 28 Jan 1916 (p1, c1)

CLUBS AND ASSOCIATIONS (cont.)

    Mojave River Chamber of Commerce  4 Dec 1919 (p1, c1), 18 Dec 1919 (p1, c5)

    San Antone Valley Improvement Assn.  2 May 1913 (p8, c3), 1 Aug 1913 (p8, c3), 28 Nov 1913 (p8, c4)

    San Bernardino Chamber of Commerce  17 Apr 1919 (p1,c5;p4, c1-5)

    San Bernardino Elks  20 Mar 1919 (p1,c3),27 Mar 1919(p1, c5), 9 Oct 1919 (p1, c5)

    Sunrise Valley Improvement Assn.  31 Jan 1913 (p4, c1), 21 Feb 1913 (p4, c2), 11 Apr 1913 (p3, c3), 18 Apr 1913 (p4, c1)

    Trona Athletic Club (smokers)  6 May 1920 (p1, c2), 3 June 1920 (p4, c4)

    Victor Valley Club  14 Nov 1913 (p8, c4)

    Victor Valley Mutual Water and Power Assn.  25 Dec 1914 (p2, c3)

    Victorville Chamber of Commerce  16 May 1913 (p1, c1-2), 27 June 1913 (p8, c5), 22 Aug 1913 (p8, c5), 8 May 1914 (p4, c5), 18 Dec 1919 (p1, c5), 8 Apr 1920 (p1, c3), 15 Apr 1920 (p1, c2)

    Ye Old Time Club (dancing)  13 Nov 1919 (p1, c5)

    Yucca Club  10 May 1912 (p4, c2), 28 June 1912 (p1, c3), 26 July 1912 (p5, c2), 27 Sept 1912 (p4, c1), 15 Nov 1912 (p7, c1), 24 Jan 1913 (p4, c1), 7 Feb 1913 (p4, c3), 15 Aug 1913 (p8, c5)

COLCORD, ARTHUR  5 Dec 1913 (p8, c4)

COLCORD, BILLEY--enlistment  13 Apr 1917 (p5, c3)

COLE, A. W.  6 Aug 1915 (p1, c4; p8, c3), 24 Oct 1918 (p1, c5)

COMPTON, EDNA
  birthday  7 Jan 1916 (p6, c2)

  marriage  1 Apr 1920 (p1, c3)

COMPTON, G. C.  12 Nov 1915 (p1, c5)

COMPTON, G. Clyde, Mrs.--death  13 Mar 1914 (p1, c3)

COMPTON, R. D.  2 Jan 1914 (p1, c5)

COOK, JOHN S.  3 Feb 1911 (p1, c3)

COOK, M. L.--candidate  8 July 1910 (p1, c1)

21

COOPER, A. C. (prospector)                14 Nov 1913 (p1, c3)

COOPER, L. H.                             13 Apr 1917 (p2, c3)

CORNELISON, W. A.--elected Constable      11 Nov 1910 (p1, c4)

COUNTY BONDS
  see also Hospital bonds; School bonds

  editorials          3 Feb 1911 (p1, c1), 17 Feb 1911 (p8, c1)

COUNTY GOVERNMENT--see Government, County

COUNTY SIZE
  proposed split  15 July 1910 (p2, c1), 29 July 1910 (p5, c3),
12 Aug 1910 (p2, c1), 26 Aug 1910 (p2, c4; p3, c1), 2 Sept 1910
(p4, c2), 9 Sept 1910 (p1, c4; p2, c2-3), 16 Sept 1910 (p3, c2),
14 Oct 1910 (p3, c1), 21 Oct 1910 (p4, c1), 28 Oct 1910 (p1, c3),
4 Nov 1910 (p1, c3), 6 Jan 1911 (p2, c4), 13 Jan 1911 (p2, c4),
24 Feb 1911 (p1, c1), 10 Mar 1911 (p3, c2), 17 Mar 1911 (p1, c1),
21 July 1911 (p4, c1), 22 Sept 1911 (p1, c1; p5, c3), 1 Dec 1911
(p2, c4), 12 Jan 1912 (p3, c1), 3 Apr 1914 (p1, c3)

CRAIG, A., Mrs.                           27 Nov 1919 (p1, c3)

CRAIG, A. W.                              20 June 1918 (p1, c5)

CRAIN, C. S.
  candidate  24 June 1920 (p2, c1-2), 29 July 1920 (p1, c4; p2,
c1-5), 2 Sept 1920 (p1, c1)

CRIME

        auto theft       4 Dec 1914 (p2, c2), 3 Mar 1916 (p1, c3)

        bad checks                         1 Dec 1911 (p3, c3)

        jail needed                        1 Dec 1911 (p2, c3)

        juvenile                           30 May 1918 (p1, c4)

        kidnapping                         2 Sept 1920 (p1, c2)

        land fraud                         18 Dec 1914 (p1, c4)

  murder & assault  16 Feb 1912 (p6, c2), 15 Mar 1912 (p1, c4), 5
Apr 1912 (p3, c2), 25 Oct 1912 (p8, c4), 14 Feb 1913 (p1, c2), 4
Apr 1913 (p1, c4), 5 Dec 1913 (p8, c4&5), 12 Dec 1913 (p1, c5),
22 May 1914 (p1, c3), 20 Aug 1915 (p1, c2), 12 Nov 1915 (p1, c5),
17 Dec 1915 (p1, c5), 2 Oct 1919 (p1, c1)

  robbery  21 Feb 1913 (p8, c5), 2 May 1913 (p1, c3), 23 May 1913
(p1, c2), 5 Dec 1913 (p1, c2; p8, c4&5), 12 Dec 1913 (p1, c5), 20
Aug 1915 (p1, c4&5), 29 Oct 1915 (p1, c4), 7 Jan 1916 (p1, c3),

CRIME (cont.)

   robbery (cont.)  12 May 1916 (p6,c2), 9 Feb 1917 (p4, c2), 1 July 1920 (p1, c3), 30 Dec 1920 (p1, c3)

| | |
|---|---|
| CRIME--KRAMER | 21 Oct 1910 (p3, c4) |
| CROLY, F. I., Mrs. | 23 Dec 1920 (p2, c3) |
| CROOKS, CLARENCE--marriage | 26 Sept 1913 (p1, c3) |
| CROOKS, J. L., Mrs. | 18 Mar 1920 (p4, c3) |
| CROOKS, J. S., Mr. & Mrs. | 1 Apr 1920 (p1, c3) |
| CROOKS, SAMUEL--death | 18 Jan 1918 (p1, c2) |
| CROWLEY, FATHER | 25 Mar 1920 (p1, c5) |

CRUCERO--misc. news--occasional column 1911-1914

| | |
|---|---|
| CRUTTS--misc. news | 26 Sept 1918 (p2, c3) |

CULTURE--see Recreation; Libraries; Poems

| | |
|---|---|
| CUNNING, W. H. | 5 Dec 1918 (p1, c5) |
| CURTIS, LESLIE B., Mr.--marriage | 17 June 1920 (p1, c3) |

DAGGETT--misc. news--occasional column 1910-1915, 1919-1920

DALE--misc. news--occasional column 1912-1913

DALEY, FARNUM (alias)--see Gray, Gilbert

| | |
|---|---|
| DALY, T. A.--poem | 1 May 1919 (p2, c3) |

DAMS
  Bear Valley                                               1 Sept 1911 (p9, c4)

   proposed  4 Nov 1910 (p3, c4), 13 Jan 1911 (p1, c3), 20 Jan 1911 (p3, c1), 3 Feb 1911 (p7, c4), 10 Feb 1911 (p7, c3)

| | |
|---|---|
| DAVIS, LAURA | 24 Nov 1911 (p2, c1) |
| DAVIS, W. J.--arrested | 5 Dec 1913 (p1, c2) |
| DAVIS, WILLIAM E. | 19 Sept 1918 (p1, c1) |
| DE PAUW, MADAME--mine control | 21 May 1915 (p1, c1) |

DEATH VALLEY SCOTTIE--see Scott, Walter

| | |
|---|---|
| DECROW, E. W., Mrs. | 5 Dec 1913 (p8, c3) |

DELGADO, JUAN--murder charge          12 Nov 1915 (p1, c5)

DEMOCRATIC PARTY--see Elections...; Political...

DESERT TRAVELERS  23 Sept 1910 (p4, c3), 7 Apr 1911 (p1, c4), 18 July 1913 (p4, c2), 21 Nov 1913 (p1, c5), 6 Aug 1915 (p1, c3), 31 Dec 1915 (p1, c4), 27 Apr 1917 (p2, c3), 2 Jan 1919 (p1, c5), 24 July 1919 (p1, c1)

DESKINS, GEORGE, Mrs.                 27 Nov 1919 (p1, c4)

DESKINS, WALLACE H.--marriage         28 Feb 1913 (p1, c3)

DESKINS, WYDA--engaged                17 Nov 1911 (p4, c3)

DESMOND, D. A.
  candidate    8 July 1910 (p1,c1), 19 Aug 1910 (p4,c2), 7 Oct 1910 (p4, c2)

DeSPAIN, J. C.--killed                11 July 1913 (p1, c5; p5, c4)

DICKSON, HUGH L.
  Congressional candidate    15 Jan 1920 (p1,c2), 29 July 1920 (p5, c1-5)

DILLINGHAM, FOREST                    9 May 1918 (p1, c2)

DILLINGHAM, JEAN                      3 July 1919 (p1, c2)

DILLINGHAM, R. M.
  misc.        21 Oct 1910 (p1, c2-3), 2 May 1913 (p1, c3)

  School Board                        8 Mar 1912 (p1, c1)

DILLINGHAM, WILDA E.--marriage        8 Nov 1912 (p8, c4)

DISEASE--see also Health Care

  influenza  10 Oct 1918 (p1, c2; p4, c2-3), 24 Oct 1918 (p2, c3), 14 Nov 1918 (p3, c1), 28 Nov 1918 (p1, c1-3; p2, c3), 5 Dec 1918 (p1, c1), 16 Jan 1919 (p1, c1; p2, c1-2), 6 Feb 1919 (p1, c2), 24 Apr 1919 (p1, c2), 13 May 1920 (p1, c2)

  mumps                               27 Feb 1914 (p4, c4)

  tuberculosis                        15 June 1917 (p1, c5)

DOLCH, ED--elected Constable          11 Nov 1910 (p1, c4)

DONEGAN, WILLIAM W.--marriage         11 July 1918 (p1, c2)

DORAN, ARTHUR                         23 Dec 1920 (p1, c3)

DOWDY, JUANITA--freed of murder charge    17 Dec 1915 (p1, c3)

DRILLING CONTEST--granite                26 Aug 1910 (p2, c1)

DRISCOLL, CHARLES B.--poem               25 Dec 1914 (p1, c2-3)

DRUMM, GEORGE L.--marriage               10 Oct 1918 (p1, c5)

DRUMM, J. L.--mining claims              3 Feb 1911 (p1, c3)

DUCKWORTH, T. W.
   candidate   16 Sept 1910 (p1, c3), 14 Oct 1910 (p3, c4, photo), 25 July 1918 (p4, c5)

DUNMEYER, EDDIE--suicide attempt         8 Dec 1916 (p1, c1)

DUNN, C. L.                              3 Mar 1916 (p1, c3)

DURAN, PABLO                             30 May 1918 (p1, c4)

DYMENT, CALIN V.                         20 Feb 1919 (p3, c1-3)

EAGON, WILLIAM C. (former Harvey House Mgr.)   2 Jan 1914 (p1, c2)

EARTHQUAKES                              25 Apr 1918 (p1, c3)

EDDY, CLARENCE E.--poem                  27 Mar 1919 (p3, c2)

EDEN, LINK                               22 June 1917 (p3, c2)

EDWARDS, J. H., Mr. & Mrs.               22 Jan 1920 (p1, c3)

ELECTIONS

   ads   8 July 1910 (p1, c1-2), 15 July 1910 (p1, c1-2), 29 July 1910 (p1, c1-2), 12 Aug 1910 (p1, c1-2), 19 Aug 1910 (p4, c2), 26 Aug 1910 (p1, c2), 4 Nov 1910 (p2, c1), 23 Aug 1912 (p1, c4), 30 Aug 1912 (p1, c4), 20 Sept 1912 (p1, c1-2), 25 July 1918 (p4, c5), 22 Apr 1920 (p4, c3-5), 29 July 1920 (p2, c1-5; p3, c1-5; p5, c1-5), 12 Aug 1920 (p5, c1), 28 Oct 1920 (p2, c1-5; p5, c1-5)

   alcohol control   3 Nov 1911 (p1, c3), 29 Dec 1911 (p8, c4), 27 Sept 1912 (p2, c2), 2 May 1913 (p2, c3-4), 9 May 1913 (p1, c3), 22 Aug 1913 (p4, c1), 26 Dec 1913 (p1, c2), 6 Feb 1914 (p4, c1), 13 Apr 1917 (p1, c3)

      candidates         8 May 1914 (p4, c5), 15 May 1914 (p2, c1)

      county bonds    22 Apr 1920 (p5, c1-2), 29 Apr 1920 (p3, c1)

   County Supervisor   14 June 1912 (p5, c4), 12 July 1912 (p1, c1), 26 July 1912 (p1, c2), 2 Aug 1912 (p1, c2), 9 Aug 1912 (p1, c2), 23 Aug 1912 (p1, c2), 30 Aug 1912 (p4, c1), 13 Sept 1912 (p1, c1), 20 Sept 1912 (p1, c2), 1 Nov 1912 (p3, c4), 10 Mar 1916 (p1, c3), 12 May 1916 (p8, c2), 21 July 1916 (p1, c4)

      dentistry laws   19 Sept 1918 (p3, c2-4), 3 Oct 1918 (p3, c3;

ELECTIONS (cont.)

p4, c1-3)

   editorials & letters  26 Aug 1910 (p1, c1), 16 Sept 1910 (p1, c2), 28 Oct 1910 (p1, c2), 4 Nov 1910 (p1, c2-3), 2 May 1913 (p1, c3), 13 Mar 1914 (p2, c1), 15 May 1914 (p2, c1), 30 Oct 1914 (p2, c1-2), 29 July 1920 (p1, c4), 12 Aug 1920 (p5, c1)

   high school construction  14 Jan 1916 (p1, c5), 3 Mar 1916 (p4, c1-2), 10 Mar 1916 (p7, c3)

   high school formation                16 July 1915 (p1, c5)

   high school trustees  16 July 1915 (p6, c2-3 (film spot 3); p8, c2), 23 July 1915 (p6, c2-3), 6 Aug 1915 (p1, c3), 30 Mar 1917 (p1, c4)

   misc.  28 Oct 1910 (p4, c4), 15 Jan 1920 (p1, c2), 19 Aug 1920 (p1, c1), 26 Aug 1920 (p1, c2), 7 Oct 1920 (p1, c2), 14 Oct 1920 (p1, c5)

      notice                             2 May 1913 (p2, c3-4)

      precinct officers               29 Apr 1920 (p3, c1)

   registration  12 Jan 1912 (p1, c2), 26 Apr 1912 (p4, c2), 26 July 1912 (p1, c1), 4 Oct 1912 (p6, c1), 4 Feb 1916 (p1, c1), 13 May 1920 (p2, c3)

   results  19 Aug 1910 (p4, c2), 11 Nov 1910 (p1-2,4), 13 Oct 1911 (p1, c1-4; p2, c1), 17 May 1912 (p4, c3), 6 Sept 1912 (p1&4), 13 Sept 1912 (p1, c1), 8 Nov 1912 (p1, c2; p8, c1&4), 29 Aug 1918 (p1, c5), 6 May 1920 (p1, c4), 2 Sept 1920 (p1, c1), 4 Nov 1920 (p1, c3), 11 Nov 1920 (p2, c2)

   road bonds  14 Nov 1913 (p8, c5), 28 Nov 1913 (p1, c3), 12 Dec 1913 (p4, c1), 23 Jan 1914 (p1, c4-5; p5, c3-4), 6 Feb 1914 (p1, c4), 13 Feb 1914 (p1, c3), 20 Feb 1914 (p1, c4-5), 3 Nov 1916 (p5, c1), 10 Apr 1919 (p1, c2), 26 June 1919 (p1, c2-4), 3 July 1919 (p1, c5), 15 July 1920 (p1, c3)

      Socialists                          1 Nov 1912 (p1, c3)

ELECTIONS--ATOLIA--school bonds       13 Apr 1917 (p6, c2)

ELECTIONS--BARSTOW

   Constable        10 Nov 1911 (p4, c3), 22 Dec 1911 (p8, c2)

   Justice of the Peace            13 June 1918 (p4, c2)

   Sanitary District               26 June 1914 (p2, c2)

   School Board  24 Mar 1911 (p2, c1), 15 Mar 1912 (p1, c1), 12

ELECTIONS--BARSTOW (cont.)

Apr 1912 (p4, c2), 6 Mar 1919 (p1, c2)

  school bonds  16 Mar 1917 (p1, c2), 20 Apr 1917 ( film spot 4 , c2), 4 May 1917 (p1, c1), 7 Mar 1918 (p4, c2-3), 25 Dec 1919 (p2, c2), 11 Mar 1920 (p3, c1-2), 25 Mar 1920 (p1, c3),

  school tax          6 Aug 1915 (p1, c3), 25 Dec 1919 (p2, c3)

ELECTIONS, FEDERAL
  House         21 July 1916 (p8, c1), 3 Nov 1916 (p6, c1-2)

  Presidential candidates         23 Sept 1920 (p1, c5)

ELECTIONS--NEEDLES--school bonds         30 Jan 1914 (p4, c1)

ELECTIONS, STATE
  Assembly         3 Nov 1916 (p4, c3, photo)

  propositions  1 Sept 1911 (p10, c3), 8 Sept 1911 (p6, c1), 15 Sept 1911 (p6, c1), 1 Nov 1912 (p3, c1), 7 Oct 1920 (p1, c2), 21 Oct 1920 (p4, c1-5; p5, c1-2), 28 Oct 1920 (p1, c3-5; p5, c1-5)

ELECTIONS--TODD
  school tax     21 May 1915 (p6, c2), 4 June 1915 (p8, c2)

  School Trustees         13 Apr 1917 (p5, c2)

ELECTIONS--VICTOR VALLEY--high school         23 July 1915 (p1, c1)

ELECTIONS--VICTORVILLE--School Board         12 Apr 1912 (p1, c1)

ELECTRIC POWER--see also Utilities
  agricultural hookups         12 Aug 1920 (p1, c5)

  misc.  16 Sept 1910 (p2, c4), 26 May 1911 (p4, c4), 10 Nov 1911 (p2, c2), 26 July 1912 (p2, c1)

ELECTRIC POWER--VICTOR VALLEY   21 May 1915 (p1, c2), 12 Nov 1915 (p1, c3)

ELMER, ORRIN, Mrs.--fire         18 Apr 1913 (p8, c5)

ELSON, ROY--felony charge         3 Nov 1916 (p1, c2)

EMERSON, L. S.         22 Jan 1920 (p1, c3)

ENTERTAINMENT--see Recreation

ERICKSON, E. A., Mr.         2 June 1916 (p1, c3)

ESHELMAN, JOHN M.--candidate         21 Oct 1910 (p3, c1, photo)

EVANS, SARAH E. (Mrs. Wm J.)--death         12 Sept 1913 (p1, c2)

EVANS, WILLIAM J.--operates *Printer*  4 Oct 1912 (p1, c1-2)

EXPRESS COMPANY--see Freight and express

FALCONER, ALEX--marriage  20 Sept 1912 (p4, c2)

FAMOUS VISITORS
  Ford, Henry  12 Nov 1915 (p1, c1)

  King of Belgium (Albert I)  16 Oct 1919 (p3, c2)

  Taft, William Howard  20 Oct 1911 (p1, c3; p8, c1)

FARM BUREAUS--see Agricultural bureaus

FARM IMPLEMENTS--see Agriculture--machinery

FAYLE, GEORGE A.--death  12 Dec 1918 (p1, c5)

FELDMAN, JOHN--death  29 Apr 1920 (p3, c2)

FENNER--misc. news--occasional column 1912-1913

FIGGE, FRED--accident  10 Sept 1915 (p1, c4)

FIRE PROTECTION  21 Apr 1911 (p2, c1), 14 Aug 1919 (p1, c2)

FIRES
  Crock Dairy Ranch  10 Sept 1915 (p3, c2)

  Waterman Ranch  6 Aug 1915 (p1, c2)

FIRES--BARSTOW  5 Sept 1913 (p1, c4), 19 Sept 1913 (p1, c5), 26 Dec 1913 (p4, c2), 18 Dec 1914 (p4, c3), 30 Mar 1917 (p1, c1), 6 Apr 1917 (p1, c3)

FIRES--BIG BEAR VALLEY  10 Sept 1915 (p1, c2)

FIRES, FOREST  4 Aug 1911 (p4, c4), 22 June 1917 (p3, c2)

FIRES--HART  6 Jan 1911 (p1, c4)

FIRES--HINKLEY  14 Oct 1920 (p3, c5)

FIRES--KRAMER  29 Aug 1913 (p1, c1)

FIRES--NEEDLES  5 Sept 1913 (p1, c5), 26 Sept 1913 (p1, c1), 15 May 1914 (p1, c4)

FIRES--TODD  29 Oct 1915 (p1, c3)

FIRES--VICTORVILLE  11 Apr 1913 (p8, c5), 18 Apr 1913 (p8, c5)

FIRES, WILD--telegraph station  2 Sept 1920 (p1, c2)

| | |
|---|---|
| FISHER, LAVELLA--marriage | 26 Sept 1913 (p1, c3) |
| FLENNIKEN, R. B., Mrs. | 17 Feb 1911 (p7, c3) |

FLETCHER, MARY--see also Recreation--Fletcher Opera House
| | |
|---|---|
|    Fletcher Opera House | 7 Apr 1911 (p1, c4) |
|    Opera House sold | 21 Oct 1920 (p3, c5) |
| FLOOD, THOMAS J.--murdered | 2 Oct 1919 (p1, c1) |
| FORRESTER, JEANNE--marriage | 16 Jan 1919 (p1, c2) |

FRAKES, WILL
| | |
|---|---|
|    breeding sheep hybrid | 10 May 1910 (p2, c2) |
|    buys homestead | 22 Aug 1913 (p1, c1) |

FREIGHT AND EXPRESS--see also Mail
| | |
|---|---|
|    misc. | 4 Dec 1919 (p1, c1) |
|    American Express | 26 Aug 1910 (p4, c4) |
| FREYSLABEN, Mr.--birthday | 16 Feb 1917 (p1, c1) |
| FRISBIE, H. B. | 15 Jan 1920 (p1, c1) |

FULLER, E. P.--candidate
  19 Aug 1910 (p4, c2), 2 Sept 1910 (p1, c1), 14 Oct 1910 (p2, c1, photo), 4 Nov 1910 (p2, c4)

FULLER'S EARTH--see Mines, Fuller's Earth

| | |
|---|---|
| FURLOW, PEARL--marriage | 17 June 1920 (p1, c5) |
| GALLAGHER, JOSEPH--killed | 21 July 1911 (p1, c4) |
| GAMBLING | 16 Sept 1910 (p4, c4) |

GARBAGE--see Sanitation

| | |
|---|---|
| GARVER, CHARLES | 30 Sept 1910 (p4, c1), 16 Jan 1919 (p1, c4) |
| GASOLINE--varieties | 20 Sept 1912 (p4, c1), 4 Oct 1912 (p8, c1) |
| GAYLORD, H. A., Dr. (dentist) | 12 May 1911 (p1, c1) |
| GIBBS, BERT | 2 May 1918 (p1, c1) |
| GIBBS, JUDSON S., Dr.--death in well | 13 Sept 1912 (p3, c4) |
| GILBERT, T. M. | 1 Dec 1916 (p2, c3; p6, c3) |
| GILLETT, Mr. & Mrs. | 6 Feb 1919 (p1, c5) |

GINN, J. E.                                          12 Feb 1920 (p1, c3)

GLEASON, BURNS A.                                    10 Feb 1911 (p1, c1)

GLOVER, J. B. (Supervisor)--candidate                12 May 1916 (p8, c2)

GLYNN, JAMES, Mrs.                                   22 May 1919 (p1, c1)

GOLD MINES--see Mines, Gold

GOLDSTONE--misc.--occasional page 1916-1917

GOODCELL, REX B.
  candidate    8 July 1910 (p1, c1), 19 Aug 1910 (p4, c2), 7 Oct 1910 (p2, c1), 25 July 1918 (p4, c5)

  misc.              25 July 1918 (p1, c1), 22 Apr 1920 (p4, c3-5)

GOVERNMENT, COUNTY
  see also Taxes; Politicians; Elections; Roads; etc.

  Charter    19 Jan 1912 (p6, c1), 22 Mar 1912 (p1, c2), 14 June 1912 (p1, c2), 30 Aug 1912 (p1, c2), 13 Sept 1912 (p6, c4), 28 Nov 1913 (p4, c5), 16 Jan 1914 (p4, c1), 6 Feb 1914 (p4, c1)

  Citizen's Investigating Committee    24 Nov 1911 (p1, c2)

  desert representation    17 Mar 1911 (p1, c1), 31 Mar 1911 (p2, c1), 18 Aug 1911 (p2, c1), 3 Nov 1911 (p2, c2), 10 Nov 1911 (p1, c1), 15 Dec 1911 (p6, c1), 26 Jan 1912 (p1, c4)

  editorials & letters    17 Nov 1911 (p2, c4), 5 Jan 1912 (p1, c1), 9 May 1913 (p4, c1), 23 May 1913 (p4, c1), 7 Nov 1913 (p1, c1; p4, c1), 30 Jan 1914 (p4, c1-2), 6 Feb 1914 (p4, c1), 4 Feb 1916 (p1, c1-2)

  Grand Jury investigation    21 June 1912 (p3, c1), 28 June 1912 (p2, c4)

  Grand Jury roads report              18 Apr 1913 (p1, c5)

  Highway Commission    23 May 1913 (p4, c1), 4 July 1913 (p4, c1), 11 July 1913 (p4, c1), 19 Sept 1913 (p4, c2), 26 Sept 1913 (p1, c3), 23 Jan 1914 (p1, c4-5; p4, c1; p5, c3-4), 7 Jan 1916 (p1, c5), 10 Mar 1916 (p1, c1)

  salaries                            19 Sept 1918 (p1, c5)

  Supervisors    12 June 1912 (p1, c3), 29 Mar 1912 (p1, c1), 18 Nov 1920 (p1, c2)

GOVERNMENT, FEDERAL--Congressmen    11 Dec 1919 (p1, c3)

GOVERNMENT, LOCAL--BARSTOW
  Constable needed    12 Jan 1912 (p4, c2), 26 Jan 1912 (p1, c4)

GOVERNMENT, LOCAL--BARSTOW (cont.)

    incorporation 28 July 1911 (p3, c3; p4, c4), 1 Aug 1913 (p4, c1; p5, c1-4, cartoon), 8 Aug 1913 (p4, c1; p5, c4-5), 15 Aug 1913 (p1, c3), 22 Aug 1913 (p4, c1), 29 Aug 1913 (p4, c1), 19 Sept 1913 (p4, c2), 13 Feb 1919 (p1, c5)

    jail                       20 Nov 1919 (p1, c1), 22 Jan 1920 (p1, c5)

    traffic police                 25 Mar 1920 (p1, c2)

GOVERNMENT, LOCAL--COLTON         5 Sept 1913 (p4, c1)

GOVERNMENT, LOCAL--MOJAVE
    incorporation     7 Apr 1911 (p2, c4), 16 June 1911 (p1, c1)

GOVERNMENT, LOCAL--ONTARIO        26 Sept 1913 (p4, c1)

GOVERNMENT, LOCAL--RIALTO         12 Sept 1913 (p4, c1)

GOVERNMENT, LOCAL--UPLAND         19 Sept 1913 (p4, c1)

GOVERNMENT, STATE
    editorials & letters 14 Jan 1916 (p1, c2), 4 Feb 1916 (p8, c2)

GRAY, GILBERT (alias Farnum Daley)
    arrested for murder            17 Jan 1913 (p1, c3)

GREEN, CLAUDE E., Mr. & Mrs.    29 May 1919 (p1, c2), 5 June 1919 (p1, c2)

GREEN, TOM--murder charge         12 Dec 1913 (p1, c5)

GREENLEAF, W. H.                 6 Feb 1919 (p1, c5)

GREER, ROBERT--marriage          17 June 1920 (p1, c5)

GREGORY, LILLIAN D. (book editor)    18 July 1913 (p8, c5)

GRIFFITH, RICHARD A.
    killed in France    14 Nov 1918 (p4, c1), 13 Feb 1919 (p3, c3)

GROSS, MORRIS--lost in desert      24 July 1919 (p1, c1)

GUTOSKEY, FRED                24 Apr 1919 (p3, c1-2)

GUY, E. E.--Postmaster of Crucero    15 Mar 1912 (p4, c3)

HADALLER, JOHN A.--candidate    19 Aug 1920 (p1, c1; p3, c4-5)

HADLEY, GERTRUDE (formerly G. Weidenmiller)
    marriage                       9 Jan 1919 (p1, c4)

HAGGARD, J. A.--marriage to Mrs. Bailey    13 June 1913 (p4, c1)

HAGUE, J. H.                                    23 Feb 1917 (p1, c2)

HALFORD, J. R.--death at 73                     5 Apr 1912 (p3, c1)

HALL, H. C., Dr.
  misc.                                        7 Jan 1916 (p1, c3)

  moves to Las Vegas                           23 May 1918 (p1, c2)

HAMERICK, LOUISE--marriage                      22 Apr 1920 (p1, c3)

HAMMEL, AGNES--marriage                         24 Feb 1911 (p1, c4)

HANES, MABEL--marriage 21 Feb 1913 (p1, c1), 28 Feb 1913 (p1, c3)

HANF, FANNIE, Mrs.--killed, railroad accident 6 Nov 1919 (p1, c2)

HANF, Mr. (Forest Ranger)                       8 July 1920 (p1, c5)

HARDING, MARION--marriage                       21 Nov 1913 (p1, c3)

HARMON, JOSEPH--prayer                          29 Jan 1920 (p2, c3)

HARMON, LOUIE                                   15 Aug 1913 (p1, c4)

HARPER LAKE VALLEY
  misc.         16 May 1918 (p4, c4), 30 Dec 1920 (p1, c2)

HARRIS, J. E. (Deputy Sheriff)                  3 Nov 1916 (p1, c2)

HARRIS, KATE                                    15 May 1914 (p1, c3)

HART, GEORGE                                    16 Sept 1910 (p2, c4)

HARVEY HOUSE--see Business--Barstow--Harvey House restaurant

HATHERLEY, W. L.--marriage                      30 Dec 1920 (p1, c5)

HAWES, EUGENE                                   6 Aug 1915 (p3, c2)

HAWS, E. M.                                     13 Apr 1917 (p2, c3)

HAWS, E. M., Mrs.                               23 Sept 1920 (p1, c2)

HEALTH CARE--see also Disease

  ads   1 Nov 1912 (p1, c1), 18 Jan 1913 (p2, c1-2), 19 Sept 1918 (p3, c2-4), 27 Feb 1919 (p2, c4; p4, c3)

  dental services   12 May 1911 (p1, c1), 29 Sept 1911 (p8, c2), 16 Feb 1912 (p3, c1), 23 Feb 1917 (p1, c5)

    desert clime benefits                  23 Mar 1917 (p1, c3)

    hospitals                              7 Jan 1916 (p1, c3)

HEALTH CARE (cont.)

   optical                                            11 Feb 1916 (p3, c1)

   pediatric                                   25 July 1918 (p1, c3)

   Red Cross Hospital    28 Nov 1918 (p1, c3), 5 Dec 1918 (p1, c1)

   snake bites                              12 May 1911 (p2, c1)

   surgeon ads                           30 Oct 1914 (p2, c3)

   surgery                                    28 Oct 1910 (p3, c4)

   vision            1 Nov 1912 (p3, c3), 30 Oct 1919 (p6, c1-2)

HELENDALE--misc. news--occasional column 1918-1919

HEMUS, ALICE--shot at              4 Nov 1920 (p1, c5)

HEMUS FAMILY--reunion             21 Oct 1920 (p1, c2)

HENDERSON, DONALD C.
   death                                         19 July 1912 (p4, c3)

   misc.                                         28 Oct 1910 (p3, c4)

HENDERSON, FLORA--marriage       17 June 1920 (p1, c3)

HENDERSON, HINCKLEY
   marriage                                 17 Apr 1914 (p1, c4)

   misc.                                         18 July 1918 (p1, c5)

HENDERSON, LUBIN J.
   see also Business (Barstow)--tailor ads; --Henderson (Lubin J.)

   candidate   2 Dec 1910 (p2, c4), 9 Dec 1910 (p1, c2), 16 Dec 1910 (p4, c1)

   elected Mining Recorder        16 Dec 1910 (p1, c1)

   misc. 23 Feb 1917 (p2, c1-3), 2 May 1918 (p1, c1), 4 Dec 1919 (p1, c1), 29 Jan 1920 (p1, c3), 25 Mar 1920 (p1, c2), 16 Dec 1920 (p1, c3)

HENDERSON, V. B.--death           28 Nov 1913 (p4, c1)

HENSLEY, W. J., Mrs.--see Redfern, Melba

HERNANDEZ, FRANCISCO           30 May 1918 (p1, c4)

HERRINGTON, JESSE--burned        8 July 1920 (p1, c5)

HESPERIA
   boundary change rumor   14 June 1912 (p3, c1), 21 June 1912 (2d ed.: p3, c3)

   misc. news--occasional column 1910-1913, 1915-1917

HICKS--misc. news--occasional column 1914

HIGGINS, J. E.--marriage                3 Mar 1911 (p1, c4)

HIGGINSON, B. C.--elected School Trustee    12 Apr 1912 (p1, c1)

HIGHWAYS--see Roads

HILL, CLEON L.                          26 Sept 1918 (p2, c3)

HILLIS, E. T. (President, Barstow Green Marble)
   see also Business (Barstow) -- Hillis (E. T.)...

   death                                14 Aug 1919 (p1, c1)

   misc.           29 Aug 1913 (p1, c3), 10 Oct 1918 (p1, c4)

HILLIS, E. T., Mr. & Mrs.               16 July 1915 (p1, c5)

HINDLE, DOROTHY N.--marriage            13 June 1918 (p1, c2)

HINKLEY--misc. news--occasional column 1910-1920

HINKLEY, RALPH                          20 Feb 1919 (p1, c2)

HOBOS--see Railroads--hobos

HODGE, RAYMOND E.--candidate            25 July 1918 (p4, c5)

HOGREWE, ERNEST--killed by train        23 May 1918 (p1, c5)

HOLCOMB, WILLIAM                        16 Sept 1910 (p4, c1)

HOLIDAY NEWS
   Chinese New Year                     16 Feb 1912 (p6, c2)

   Christmas   29 Dec 1911 (p7, c2), 3 Jan 1913 (p4, c1), 8 Dec 1916 (p1, c1; p8, c1-5)

   Christmas editorials                 9 Dec 1920 (p2, c3)

   Easter                               25 Mar 1920 (p1, c2&3)

   Halloween   22 Oct 1915 (p3, c1), 3 Nov 1916 (p1, c4-5), 11 Nov 1920 (p5, c1&4)

   Independence Day   8 July 1910 (p2, c1), 26 May 1911 (p1, c1), 23 June 1911 (p8, c2-3), 7 July 1911 (p1, c1; p4, c1-2), 21 June 1912 (2d ed.:p3, c1&4), 28 June 1912 (p1, c4), 12 July 1912 (p3,

HOLIDAY NEWS (cont.)

c4; p4, c2), 30 May 1913 (p4, c1), 13 June 1913 (p1, c5; p4, c1), 20 June 1913 (p4, c1), 4 July 1913 (p8, c3&5), 11 July 1913 (p1, c1-3; p5, c3-4; p8, c3&5), 26 June 1914 (p1, c5), 3 July 1919 (p4, c1-2), 10 July 1919 (p1, c5), 1 July 1920 (p1, c3; p4, c2-3), 8 July 1920 (p1, c1-2; p5, c3)

 Independence Day (Mexico)      16 Sept 1920 (p1, c5)

 Labor Day  12 Aug 1920 (p1, c5), 2 Sept 1920 (p1, c3-4), 9 Sept 1920 (p1, c5)

 New Year's Day         9 Dec 1920 (p1, c5)

 Thanksgiving    5 Dec 1913 (p8, c3), 1 Dec 1916 (p1, c3&4)

 Valentine's Day         7 Feb 1913 (p8, c5)

 Washington's Birthday  17 Feb 1911 (p8, c2), 2 Mar 1917 (p1, c5)

HOLLIS, FRED--murdered       17 Jan 1913 (p1, c3)

HOLT, L. M.           18 Nov 1910 (p3, c4)

HOMER, FRED--assaulted       14 Feb 1913 (p1, c2)

HOMESTEADS--see Land claims...; Land law

HONEY, JAMES
 marriage           19 Jan 1912 (p3, c4)

 misc.            5 Dec 1918 (p1, c5)

HONEY, JAMES, Mrs.        16 Sept 1910 (p1, c4)

HONEY, W. G.--death        16 Sept 1920 (p1, c5)

HOOK, A. J., Dr.--marriage      10 July 1919 (p1, c2)

HOPPING, CLARA
 marriage    19 June 1919 (p1, c4), 9 Oct 1919 (p1, c5)

HOSPITALS--bonds  23 Dec 1910 (p2, c1), 13 Jan 1910 (p1, c2), 20 Jan 1911 (p1, c3)

HOTZ, HENRY          28 Nov 1913 (p4, c1)

HOUSING--BARSTOW--editorial     18 Aug 1911 (p1, c1)

HOWE, J. GUY--death from appendicitis   1 Apr 1920 (p1, c3)

HOYNE, JOHN--elected Constable    11 Nov 1910 (p1, c1)

35

HUEY, CHARLES P.--candidate          28 Oct 1910 (p3, c1, photo)

HULL, ARTHUR E. (rancher)
  elected Pres., Chamber of Commerce    16 May 1913 (p1, c2)

  misc.                                 4 Apr 1913 (p4, c1-4)

HUMBLE, HOMER P.
  birthday                              3 Apr 1914 (p1, c3)

  misc.          27 June 1918 (p1, c5), 25 Dec 1919 (p1, c5)

HUMBLE, MAMIE, Mrs.--death              6 Feb 1914 (p1, c3)

HUMOR
  Hotel Rules                           4 Dec 1914 (p4, c3)

  misc.          16 Sept 1910 (p4, c4), 23 Sept 1910 (p3, c1)

  Pessimist's catechism                 26 Jan 1917 (p4, c2)

Hunting--shooting accidents             24 June 1920 (p1, c5)

HUTCHISON, G. D. (Santa Fe agent)
  Good Roads delegate                   25 Apr 1913 (p1, c1&4)

  misc.                                 25 Apr 1913 (p4, c3-4)


INDIANS--arrowheads                     16 June 1911 (p2, c1)

INDUSTRY--see Business

IRRIGATION--see Water

IRVIN, SAMUEL (miner)--death            30 Mar 1917 (p1, c5)

IRVING, MINNA--poem                     24 Dec 1915 (p1, c1)

IRWIN, HATTIE--marriage                 29 June 1917 (p1, c3)

ISAACS, EDWARD KING (business college President & Printer editorialist)  18 Dec 1914 (p6, c4-5 (film spot 3); p8, c1-4), 25 Dec 1914 (p8, c1-2)

IVANPAH--misc. news--occasional column 1915

JACK, G. A.--killed in railroad accident    25 Oct 1912 (p7, c1)

JACKSON, EMMA L.
  candidate   30 Sept 1910 (p1, c3; p3, c4, photo), 4 Nov 1910 (p2, c4)

JACKSON, J. R.--hurt                    7 July 1911 (p4, c4)

JAILS--see Government, Local

JEPSON, R. W. (teacher)                          23 Sept 1910 (p8, c3)

JOHANNESBURG--misc. notes--occasional column 1920

JOHNSON, BENNETT--funeral                        10 July 1914 (p1, c3)

JOHNSON, FRED--re-elected Constable              11 Nov 1910 (p2, c1)

JOHNSON, J. F.
  candidate  8 July 1910 (p1, c2), 2 Sept 1910 (p1, c1), 28 Oct 1910 (p1, c2, photo)

JOHNSON, JED BURTON, Mrs.--death                 5 Dec 1918 (p1, c2)

JOHNSON, OSCAR                                   12 Nov 1915 (p1, c3)

JONES, J. (prospector)--death                    3 Mar 1916 (p1, c5)

JOSSELYN, F. B., Rev.
  marriage                                     8 Nov 1912 (p8, c4)

  misc.          5 Mar 1915 (p3, c4), 23 July 1915 (p1, c2)

JUDSON--misc. news--occasional column 1915, 1917

JUDSON-HELEN--misc. news--regular column 1911-1912

KASTEN, MINNIE--marriage                         15 May 1914 (p1, c4)

KEITH, MARK C.                                   19 Dec 1913 (p1, c5)

KELLEY, WILLIAM J.--candidate                    21 July 1916 (p1, c4)

KELLY, J. W.--see also Mines (Randsburg)--Kelly

  misc.                                        19 Aug 1920 (p1, c1)

KELSO--misc.--occasional column 1910-1917

KENDRICK, C. E. (Postmaster)
  candidate          2 Dec 1910 (p2, c4), 9 Dec 1910 (p2, c4)

  misc.                                        21 Apr 1911 (p1, c4)

  sells hotel                                  2 June 1916 (p1, c5)

KENNEDY, JOHN J.                                 5 Dec 1918 (p1, c1)

KETTNER, WILLIAM (Congressman)  12 Dec 1918 (p1, c2), 11 Dec 1919 (p1, c3; p2, c1)

KING, LYMAN M. (State Senator)
   candidate                                       15 May 1914 (p2, c1)

   misc.                                                 2 Jan 1919 (p1, c5)

KING, WALTER--marriage                 6 June 1918 (p1, c1)

KRAMER--misc. news--occasional column 1912-1916

KREBSER, AUGUST--death                 14 Jan 1916 (p3, c3)

LA MANTAIN, ARTHUR--death from flu      28 Nov 1918 (p2, c3)

LABOR LAW                                 27 Sept 1912 (p3, c4)

LABOR MEETINGS
   Barstow Labor Council               23 Sept 1920 (p1, c2)

   miners   18 Nov 1910 (p2, c4), 25 Nov 1910 (p2, c4), 9 Dec 1910 (p2, c4), 8 Dec 1911 (p7, c1)

   misc.            18 Mar 1920 (p3, c3), 25 Mar 1920 (p2, c2)

LABOR, MINORITY                      3 Apr 1919 (p2, c1-4)

LABOR STRIKES
   mines         10 June 1920 (p1, c1), 24 June 1920 (p1, c1)

   railroads   17 Nov 1911 (p4, c2), 28 Aug 1919 (p1, c1-4; p3, c2-3), 15 Apr 1920 (p1, c3), 22 Apr 1920 (p1, c2), 29 Apr 1920 (p2, c4)

LABOR UNIONS
   railroads   16 Jan 1919 (p1, c4), 13 Feb 1919 (p1, c4), 3 Apr 1919 (p3, c5), 1 Apr 1920 (p3, c2)

   restaurant and hotel   19 June 1919 (p1, c5), 24 July 1919 (p1, c4)

LABOR WAGES
   railroad                              5 Aug 1920 (p3, c2-3)

LAMB, HARRY A.                          5 Dec 1918 (p1, c1)

LAMBERT, JOHN S.--candidate           12 Aug 1910 (p1, c2)

LAND--see Real estate

LAND CLAIMS AND HOMESTEADS
   misc.   9 Sept 1910 (p3, c4), 9 Jan 1919 (p1, c4), 16 Sept 1920 (p2, c2)

   veterans   20 May 1920 (p6, c1), 9 Sept 1920 (p2, c2), 30 Sept 1920 (p4, c2)

LAND CONTESTS--railroad                      14 Apr 1911 (p1, c1)

LAND DEVELOPMENT--see Real estate

LAND, GOVERNMENT
  editorials                               5 Dec 1918 (p2, c1-2)

  federal office                          7 Jan 1916 (p1, c4-5)

  surveys                                  6 Apr 1917 (p1, c3)

LAND LAW--see also World War I veterans

  claims & homesteads   31 Mar 1911 (p2, c1), 2 Feb 1912 (p5, c4), 16 Feb 1912 (p1, c2), 5 Apr 1912 (p2, c4), 7 June 1912 (p4, c3), 14 June 1912 (p1, c4), 28 June 1912 (p1, c3), 2 Aug 1912 (p3, c4), 9 Aug 1912 (p4, c4), 6 Sept 1912 (p4, c3), 14 Nov 1913 (p1, c1), 4 May 1917 (p1, c2)

  misc.  20 Jan 1911 (p1, c1), 15 Sept 1911 (p10, c1), 12 Apr 1912 (p1, c4), 23 Aug 1912 (p2, c3; p8, c4), 13 Feb 1914 (p4, c1-2)

  wells                                    4 Oct 1912 (p2, c3)

LAND SCRIP         10 Feb 1911 (p2, c1), 15 Sept 1911 (p10, c1)

LAND SURVEYS   4 Nov 1910 (p1, c4), 24 Feb 1911 (p7, c2), 10 Nov 1911 (p4, c2)

LaSAGE, PETER                                1 May 1919 (p1, c2)

LAVELLE, PATRICK H.--shot                    15 Mar 1912 (p1, c4)

LEAHY, GEORGE
  marriage        13 June 1918 (p1, c3), 4 July 1918 (p1, c3)

LEASTALK--local news--regular column 1910-1911

LEE, HORTENSE--marriage                      3 Mar 1911 (p1, c4)

LEFEVRE, EDWIN--murdered                     19 Feb 1912 (p6, c2)

LEHNBERG, A. F.                              19 Sept 1918 (p2, c3)

LEMON, BILLY (Order of Railway Conductors)   6 Jan 1911 (p2, c3)

LEMON, O. J.                                 29 Oct 1915 (p1, c3)

LEMON, WILLIAM F.--candidate                 8 July 1910 (p1, c1)

LeSAGE, P. M.
  buys Printer                            4 Oct 1912 (p1, c1-2)

LEWIS, CHARLEY                               2 May 1918 (p3, c3)

39

LIBRARIES, COUNTY
   educational programs                 24 Apr 1919 (p4, c4-5)

   formation                           27 June 1913 (p1, c4; p8, c4)

   misc.  23 July 1915 (p8, c1), 1 Dec 1916 (p1, c1), 26 Aug 1920 (p2, c2-3), 11 Nov 1920 (p1, c2)

LIBRARIES, COUNTY--BARSTOW    13 Mar 1914 (p1, c4), 15 May 1914 (p1, c3), 23 Mar 1917 (p1, c3)

LIQUOR LICENSES                     27 June 1913 (p1, c4)

LIVERMAN, J. R.
   candidate   2 Sept 1910 (p1, c1), 30 Sept 1910 (p1, c1, photo)

LOCAL NEWS--see Name of town or local Barstow news as regular or occasional columns

LOCKHART, WALTER F., Mrs.           15 Aug 1913 (p8, c5)

LOCKWOOD, ARTHUR--marriage          16 Jan 1919 (p1, c2)

LONGACRE, EDITH--marriage            4 May 1917 (p4, c3)

LOST IN DESERT--see Desert travellers

LOZANO, JOSE--lost in desert         21 Nov 1913 (p1, c5)

LUARD, LUCY F., Mrs.--suicide        12 May 1916 (p1, c4)

LUCERNE--misc. news--occasional column 1915

LUCERNE VALLEY
   history                              3 Jan 1913 (p4, c5)

  misc. news : occasional column 1912-1914

LUDLOW--misc. news--occasional column 1915-1917

LUDLOW-STAGG--news--regular column 1910-1912

LYNCH, JOE                            2 Jan 1919 (p2, c5)

McBRIDE, PAT                       10 July 1919 (p1, c2)

MacCAULEY, G. W.--death             4 July 1913 (p1, c4)

McCAULEY, GEORGE W.               10 Feb 1911 (p1, c1)

McCOY, D. R.--marriage               9 June 1911 (p2, c1)

McCREARY, Mr.                    26 Jan 1917 (p1, c5)

McCUE, ROBERT--marriage             8 May 1914 (p1, c5)

McCUE, TOM
  marriage                 19 June 1919 (p1, c4), 9 Oct 1919 (p1, c5)

  misc.                                       23 May 1918 (p1, c5)

McCUISTION, A., Mr. & Mrs.--shower for     15 Nov 1912 (p1, c1)

MacDOUGAL, FRED--death from flu         24 Apr 1919 (p1, c2)

MacDOUGALL, JAMES--marriage             8 May 1919 (p1, c4)

McFADYEN, WILLIAM, Mrs.                 8 Jan 1920 (p1, c5)

McGUIRE, W. C., Mr. & Mrs.--birth of son   14 July 1916 (p3, c3)

MACKAY, CHARLES--poem                     9 Dec 1920 (p2, c3)

MACLACHLAN, NETTIE
  poems   27 Feb 1919 (p4, c3), 6 Mar 1919 (p3, c2), 27 Mar 1919 (p4, c3)

McMILLAN, J. C. (prospector)            14 Nov 1913 (p1, c3)

McMILLAN, JOHN C.--Postmaster for Daggett   15 Mar 1912 (p4, c3)

McMINN, J. L.--candidate                  25 July 1918 (p4, c5)

McMULLEN, J. T., Mrs.                     11 Mar 1920 (p1, c2)

McPHERRON, A. S.
  candidate   8 July 1910 (p1, c2), 19 Aug 1910 (p4, c2), 4 Nov 1910 (p2, c3)

  School Superintendent              25 Apr 1913 (p8, c5)

McQUINN, JAMES H.--marriage            24 June 1920 (p1, c2)

McSHANE, ANDREW--crushed              24 Feb 1911 (p2, c1)

McSHANE, A. G., Mrs.--marriage         20 Sept 1912 (p4, c2)

McSHANE, M. J., Mr.--marriage          6 Aug 1915 (p1, c3)

MAIL SERVICE
  airmail route     18 Mar 1920 (p1, c2), 13 May 1920 (p1, c2)

  buildings                           21 Apr 1911 (p1, c4)

  rural                                20 Sept 1912 (p2, c4)

MAIL SERVICE--BARSTOW
  bank depository                     20 Oct 1911 (p2, c2)

  misc.   23 June 1911 (p7, c4), 13 Oct 1911 (p7, c1), 7 Jan 1916 (p6, c1), 14 July 1916 (p1, c5), 24 Apr 1919 (p1, c5)

MAIL SERVICE (BARSTOW) (cont.)

   Postmaster                                     15 Nov 1912 (p8, c4)

MAIL SERVICE--NEWBERRY--proposed        14 July 1911 (p1, c2)

MAIL SERVICE--TRONA--Postmaster         4 Nov 1920 (p7, c3)

MANN, MARY--death                          27 May 1920 (p1, c4)

MANSON, J. H.                                14 Oct 1920 (p1, c4)

MAPS--desert                                     20 Jan 1911 (p2, c2)

MARTIN, CHARLEY                           10 Sept 1915 (p1, c1)

MARTIN, H. J.--elected Justice          11 Nov 1910 (p1, c4)

MARTIN, JACK M.--killed in mine         7 Oct 1920 (p4, c5)

MARVIN, FLOYD (poultry farmer)         2 Dec 1920 (p1, c3)

MASON, JUANITA--marriage               27 May 1920 (p1, c5)

MATHERS, CHARLES                         9 May 1918 (p1, c2)

MEEK, MYRTLE                                  11 Nov 1920 (p5, c1)

MELVILLE, F. L.--killed                   27 June 1913 (p1, c5)

MESERVE, FRANK P.
  appointed assessor                    26 Jan 1912 (p1, c4)

   candidate     2 Sept 1910 (p1, c1), 7 Oct 1910 (p2, c4, photo)

MEXICAN-AMERICAN CONFLICT            3 Nov 1916 (p1, c1-2)

MILES, GEORGE M.                        16 May 1918 (p1, c1)

MILITARY--see also World War I

   convalescent homes (Arrowhead)        26 Feb 1920 (p1, c5)

  draft and enlistment
    see also World War I
    6 Apr 1917 (p1, c3), 12 Dec 1918 (p1, c5), 9 Oct 1919 (p1, c2)

  Marine Corps exam                    23 Mar 1917 (p1, c5)

  Naval & Military Academies   12 Dec 1918 (p1, c2), 11 Dec 1919 (p2, c1)

MILLER, ELIZABETH--death               2 Dec 1920 (p1, c3)

MILLER, GEORGE
   candidate                                          2 Sept 1910 (p1, c1)

   friend of Wm. Holcomb               16 Sept 1910 (p4, c1)

MILLER, WALLACE                       26 Sept 1918 (p2, c3)

MILLS--tube                                 21 Apr 1911 (p2, c1)

MINERS--see Labor; Mines

MINES

   accidents, fires, etc.  5 Apr 1912 (p1, c2), 30 May 1913 (p1, c5), 22 May 1914 (p1, c5), 3 July 1919 (p1, c2), 7 Oct 1920 (p4, c5)

   Calico                    9 Dec 1910 (p3, c1), 16 Dec 1910 (p4, c4)

   California Gold & Copper           24 Feb 1911 (p7, c3)

   California Trona Co.               18 July 1918 (p6, c1-5)

   claim jumping                       10 Mar 1916 (p1, c3)

   Desert Chief       17 Feb 1910 (p1, c2), 1 Dec 1911 (p1, c1)

   editorials & letters  10 Mar 1916 (p1, c4-5), 9 May 1918 (p2, c1-2)

   Goldfield                              13 Jan 1911 (p2, c2)

   Goldstone                           16 May 1918 (p1, c2)

   litigation                            4 May 1917 (p1, c3)

   misc news : regular column under "Mining", "Miners and Mining", "Mining Chat", "Desert Mining News", etc. 1910-1916

   Mohawk  20 Apr 1917 (p1, c5), 16 May 1918 (p1, c2), 4 July 1918 (p1, c2), 9 Oct 1919 (p1, c2)

   Mojave United Mining & Milling      22 June 1917 (p1, c1)

   Orange Blossom     16 Dec 1910 (p2, c1), 7 Apr 1911 (p2, c1)

   Pacific  13 Jan 1911 (p2, c4), 30 June 1911 (p1, c1), 1 Sept 1911 (p1, c1), 6 Oct 1911 (p1, c2), 27 Oct 1911 (p1, c3), 2 Feb 1912 (p1, c1), 23 Feb 1912 (p1, c4), 1 Mar 1912 (p1, c3), 22 Mar 1912 (p1, c1)

   State Mining Bureau                  7 Nov 1913 (p8, c3)

   Waterman                             29 Apr 1920 (p1, c5)

MINES (cont.)

   Yellow Aster                           21 May 1915 (p1, c1)

MINES--ATOLIA--see Mines (Randsburg)

MINES, BARIUM                         5 Apr 1912 (p1, c4)

MINES, BORAX   14 Oct 1910 (p4, c4), 6 Jan 1911 (p7, c1), 24 Feb 1911 (p2, c2), 18 Aug 1911 (p4, c3), 23 Feb 1912 (p1, c1)

MINES--CALICO HILLS             9 Jan 1919 (p1, c2)

MINES, COPPER
   Greenwater Copper Co.         29 Sept 1911 (p8, c1)

   Ord Mt.                             13 Mar 1919 (p1, c2)

   United Greenwater Copper   15 Nov 1912 (p1, c4), 3 Jan 1913 (p1, c2)

MINES--DALE                         15 Nov 1912 (p1, c4)

MINES--DEATH VALLEY            16 July 1915 (p2, c1)

MINES, DIAMOND
   Kramer                              5 May 1911 (p4, c1)

   search                         28 Apr 1911 (p2, c4; p4, c1)

MINES, FULLER'S EARTH   19 Aug 1910 (p3, c2), 9 June 1911 (p1, c4), 16 Sept 1920 (p1, c2)

MINES, GOLD--see also Mines (Randsburg)

   Bagdad-Chase   29 July 1910 (p4, c4), 9 Sept 1910 (p3, c1), 7 Oct 1910 (p3, c1), 21 Oct 1910 (p1, c2), 9 Dec 1910 (p4, c1), 21 Apr 1911 (p7, c3), 28 July 1911 (p4, c2), 27 Oct 1911 (p3, c1), 23 Feb 1912 (p1, c4)

   Golden Eagle                  2 June 1911 (p1, c4)

   Goldstone   12 May 1916 (p1, c2-3, photo), 2 June 1916 (p1, c1-2&4-5; p8, c1-5), 14 July 1916 (p1, c2-3), 21 July 1916 (p2, c2), 6 Oct 1916 (p1, c1-2), 3 Nov 1916 (film spot 3), 8 Dec 1916 (film spot 2), 9 Feb 1917 (p1, c1&3-5), 4 May 1917 (p1, c4), 15 June 1917 (film spot 3), 29 June 1917 (p3, c1-2)

   King Solomon                 30 May 1913 (p1, c5)

   misc.   16 Sept 1910 (p2, c1), 23 Sept 1910 (p5, c2), 28 Oct 1910 (p3, c2), 4 Nov 1910 (p2, c2), 3 Mar 1911 (p2, c1), 7 Apr 1911 (p2, c1), 21 June 1912 (p3, c1)

   Ord Mt.                             30 May 1913 (p1, c5)

MINES, GOLD (cont.)

  Paradise   30 June 1911 (p1, c4), 10 Nov 1911 (p3, c1), 24 Apr 1919 (p1, c2), 16 Oct 1919 (p1, c5)

    Rose                      8 July 1910 (p4, c4), 9 Sept 1910 (p2, c4)

    Williams Well                  4 Aug 1911 (p1, c2)

MINES, IRON ORE   26 Dec 1913 (p1, c2), 4 June 1915 (p2, c3), 23 Dec 1920 (p1, c3)

MINES, JASPER                    15 Dec 1911 (p6, c3)

MINES--KELSO                     21 July 1916 (p2, c3)

MINES, LEAD
  misc.                           2 Dec 1910 (p4, c4)

  Tecopa                        17 Feb 1911 (p7, c2)

MINES, LIME--open              4 Aug 1911 (p3, c4)

MINES--LUDLOW                  22 Jan 1920 (p3, c1)

MINES, MARBLE        10 May 1912 (p4, c3), 19 July 1912 (p3, c4)

MINES, OPAL
  American   30 June 1911 (p2, c1), 21 July 1911 (p1, c1), 3 May 1912 (p2, c3)

  misc.   19 Aug 1910 (p2, c1), 9 Sept 1910 (p3, c1), 24 Mar 1911 (p1, c3), 25 Aug 1911 (p2, c1), 1 Dec 1911 (p2, c4)

MINES--ORO GRANDE             16 Jan 1914 (p8, c5)

MINES, POTASH
  misc.   19 Jan 1912 (p1, c2), 29 Mar 1912 (p6, c4), 2 Aug 1912 (p3, c4), 14 Nov 1913 (p1, c3), 4 June 1915 (p1, c5)

  Trona Potash                 12 Nov 1915 (p1, c3)

MINES--PROVIDENCE MOUNTAIN
  Bonanza King                12 June 1914 (p4, c4-5)

  Hidden Hill   17 Apr 1914 (p2, c2), 8 May 1914 (p1, c2), 12 June 1914 (p4, c5)

  misc.   14 Feb 1913 (p4, c1), 5 Dec 1913 (p4, c1), 19 Dec 1913 (p4, c1), 2 Jan 1914 (p4, c1), 6 Feb 1914 (p4, c2), 10 Apr 1914 (p2, c1)

MINES--RANDSBURG
  Kelly (see also Mines, Silver--Rand Divide) 5 Feb 1920 (p1, c1), 12 Feb 1920 (p1, c1), 29 Apr 1920 (p1, c1), 3 June 1920 (p2,

MINES--RANDSBURG (cont.)

c1), 24 June 1920 (p1, c1), 29 July 1920 (p1, c1), 12 Aug 1920 (p1, c1), 19 Aug 1920 (p1, c1), 26 Aug 1920 (p1, c1), 2 Sept 1920 (p1, c5), 7 Oct 1920 (p1, c1), 28 Oct 1920 (p1, c1-2)

misc. 2 June 1916 (p2, c1), 12 June 1919 (p1, c5), 3 July 1919 (p1, c2), 17 July 1919 (p1, c1), 24 July 1919 (p1, c2), 23 Oct 1919 (p1, c1), 30 Oct 1919 (p1, c5), 20 Nov 1919 (p1, c5), 27 Nov 1919 (p1, c5), 4 Dec 1919 (p6, c1-2), 11 Dec 1919 (p1, c1-2), 18 Dec 1919 (p1, c1-2), 15 Jan 1920 (p1, c3), 26 Feb 1920 (p1, c1), 18 Mar 1920 (p1, c3), 6 May 1920 (p1, c1), 13 May 1920 (p1, c1), 1 July 1920 (p1, c1), 14 Oct 1920 (p1, c1), 21 Oct 1920 (p1, c1), 18 Nov 1920 (p2, c1-2), 25 Nov 1920 (p2, c1-2), 23 Dec 1920 (p1, c2), 30 Dec 1920 (p1, c1-2)

MINES, RUBY                                    24 Mar 1911 (p1, c3)

MINES, SALT   14 July 1916 (p4, c1-2), 11 Nov 1920 (p4, c3-5, photos.)

MINES, SALT--DEATH VALLEY                      27 Jan 1911 (p2, c4)

MINES, SILVER--see also Mines (Randsburg)

  Alta                                         2 Mar 1917 (p1, c3)

  Gertrude-Inez                                9 Jan 1919 (p1, c2)

  Juanita                                      19 June 1919 (p1, c5)

  misc.  26 June 1919 (p1, c5), 10 July 1919 (p1, c1), 24 July 1919 (p1, c2), 1 Apr 1920 (p1, c1)

  Rand Divide (See also Mines (Randsburg)--Kelly) 31 July 1919 (p1, c2&5), 7 Aug 1919 (p1, c5), 23 Sept 1920 (p1, c1)

MINES--SILVER LAKE   6 June 1913 (p4, c3), 18 July 1913 (p4, c2), 5 Dec 1913 (p4, c2)

MINES, SILVER--SILVER LAKE   22 Sept 1911 (p1, c4), 27 Oct 1911 (p1, c3)

MINES, STRONTIANITE                            16 Feb 1917 (p1, c3)

MINES, TUNGSTEN
  government relief  11 Mar 1920 (p3, c3), 1 Apr 1920 (p3, c1), 25 Nov 1920 (p1, c1)

  import protection   29 Apr 1920 (p1, c3), 27 May 1920 (p1, c3)

  misc.               16 Sept 1920 (p1, c1), 4 Nov 1920 (p7, c5)

MINES, TUNGSTEN--ATOLIA   27 Jan 1911 (p2, c1), 2 June 1911 (p1, c4), 16 June 1911 (p1, c1), 11 Aug 1911 (p2, c1), 9 Feb 1912 (p2,

MINES, TUNGSTEN--ATOLIA (cont.)

c1), 8 Mar 1912 (p3, c1), 21 June 1912 (p1, c1), 9 Aug 1912 (p4, c3), 24 Dec 1915 (p1, c2), 28 Jan 1916 (p1, c4), 5 Dec 1918 (p1, c2), 5 Feb 1920 (p1, c3)

MINES, TUNGSTEN--RANDSBURG 5 Apr 1920 (p1, c1)

MINING CLAIMS 16 Dec 1910 (p2, c4)

MINING CONGRESS 9 Sept 1910 (p2, c1), 16 Sept 1910 (p3, c4), 23 Sept 1910 (p5, c4)

MINING CONTEST CASES--Southern Pacific 30 Dec 1910 (p4, c2)

MINING DRILLS--diamond core 10 Feb 1911 (p1, c2)

MINING INDUSTRY
    editorials & letters 17 June 1920 (p1, c1; p2, c1-3)

    government policies & protection--see Mines, Tungsten

MINING LAW
    California Blue Sky Laws 30 Sept 1920 (p1, c2)

    editorials & letters 8 July 1920 (p2, c1-2)

    legislation 28 July 1911 (p2, c4)

    patents 22 Sept 1911 (p2, c4)

MINING MILLS 31 Dec 1915 (p2, c1)

MINING PATENTS--notice rules 23 Dec 1910 (p2, c1)

MINING REGULATION--state bureau editorial 28 Feb 1913 (p1, c5)

MINNEOLA--see also Daggett

    history 11 Aug 1911 (p3, c1)

    misc.--occasional column 1917-1920

MINORITIES (JAPANESE)
    editorials & letters 16 Sept 1920 (p2, c1)

    legal treatment 24 Apr 1919 (p2, c1-2), 21 Oct 1920 (p4, c1-5), 28 Oct 1920 (p5, c1-5)

    misc. 9 Feb 1917 (p4, c2)

    railroad workers 8 July 1910 (p6, c2)

MINORITIES (MEXICANS)
    misc. 9 Feb 1917 (p4, c2), 30 Mar 1917 (p1, c1)

MINORITIES (MEXICANS) (cont.)
  refugees                                       9 Aug 1912 (p1, c3)

MIRAGE VALLEY--misc.--occasional column 1915-1917

MITCHELL, CHARLES A.
  marriage                                   1 Apr 1920 (p1, c3)

  misc.          19 Sept 1918 (p1, c1), 6 Mar 1919 (p1, c1)

MITCHELL, CHARLEY
  birthday        24 Jan 1913 (p1, c1), 30 Jan 1914 (p1, c5)

MITCHELL, F. G., Mr. & Mrs.        22 May 1914 (p1, c4)

MITCHELL, LEONA (telephone operator)    21 Feb 1913 (p1, c3)

MOHLER, J. C.--killed               25 Nov 1910 (p1, c1)

MOJAVE--news--regular column 1910

MOJAVE COUNTY (proposed)--see County size; Government, County

MONTGOMERY, SAMUEL J.--mine death     22 May 1914 (p1, c5)

MOON, THERON E.--candidate          8 July 1910 (p1, c1)

MOORE, BELLE--marriage            29 Oct 1915 (p1, c3&4)

MORRISON, W. D.--killed            17 Dec 1915 (p1, c3)

MOTOR VEHICLE ACCIDENTS

  misc.  8 Aug 1913 (p1, c4), 12 Dec 1913 (p1, c4), 3 Apr 1914 (p1, c3), 4 June 1915 (p3, c2), 8 Dec 1916 (p1, c3), 23 Feb 1917 (p1, c2), 26 Dec 1918 (p1, c5), 15 July 1920 (p1, c3)

  railroad crossings--see Railroad crossings

MUDGETT, E. L.                    26 Feb 1920 (p1, c1)

MUDGETT, JAMES                   27 June 1918 (p1, c2)

MULCAHY, FRED
  death        14 July 1916 (p3, c3), 21 July 1916 (p1, c3)

MULHOLLAND, WILLIAM--death      23 Jan 1914 (p8, c5)

MULVANE, A. B.--candidate  1 July 1920 (p4, c1), 29 July 1920 (p8, c1-5; p12, c1)

MURPHY, J. J.                      3 July 1919 (p1, c1)

MURPHY, T. C.                      1 Apr 1920 (p1, c3)

NAY, GEORGE, Mrs.                                  25 Mar 1920 (p1, c2)

NEWBERRY-WAGNER
  name change                                      1 May 1919 (p1, c2)

  news--occasional column 1912

NEWHALL, H. M., Capt.                              10 Feb 1911 (p1, c1)

NEWHALL, HENRY M.--death                           4 Dec 1919 (p1, c5)

NEWHALL, RALPH W.--engaged                         17 Nov 1911 (p4, c3)

NEWSPAPERS--see Publications

NICKLIN, T. G. (real estate broker)   28 Nov 1913 (p1, c5), 12 Dec 1913 (p1, c4)

NIGRITO, SELVERIO(?)--killed                       12 Nov 1915 (p1, c5)

OAKLEY, E. F.--mine death                          5 June 1919 (p1, c1)

O'BRIEN, PAT   23 May 1918 (p1, c3), 30 May 1918 (p2, c2; p3, c1-5)

OIL INDUSTRY
  editorials & letters                             4 Feb 1916 (p4, c1-4)

  misc. news--regular column 1910-1911             21 Nov 1913 (p1, c3)

  product ads--see Business--auto; Business--kerosene

  Standard Oil                                     28 Oct 1920 (p1, c2)

OIL LAW
  claims          16 Feb 1912 (p2, c1), 13 May 1920 (p1, c2)

  legislation     3 Mar 1911 (p1, c2), 28 July 1911 (p2, c4)

  misc.                                            28 Jan 1916 (p1, c1&2)

OIL REFINERIES--Union Oil                          30 May 1913 (p1, c4)

OIL WELLS
  accidents, fires, etc.  14 June 1912 (p1, c1), 18 Oct 1912 (p1, c3), 18 July 1913 (p1, c4)

  Barstow fields  14 July 1911 (p1, c1), 21 July 1911 (p4, c2), 28 July 1911 (p2, c4), 11 Aug 1911 (p4, c3), 25 Aug 1911 (p1, c1), 8 Sept 1911 (p6, c3; p9, c1), 15 Sept 1911 (p6, c3), 13 Oct 1911 (p8, c4), 10 Nov 1911 (p4, c2), 17 Nov 1911 (p1, c4), 8 Dec 1911 (p1, c4), 5 Jan 1912 (p1, c2), 19 Jan 1912 (p1, c4), 1 Mar 1912 (p1, c4), 22 Mar 1912 (p3, c2), 29 Mar 1912 (p6, c3), 12 Apr 1912 (p4, c3), 31 May 1912 (p4, c3), 12 July 1912 (p1, c2), 25 Oct 1912 (p8, c4), 25 Dec 1914 (p5, c2), 10 July 1919 (p1, c5),

OIL WELLS (cont.)

22 Jan 1920 (p1, c3), 12 Feb 1920 (p1, c3), 27 May 1920 (p1, c2), 12 Aug 1920 (p1, c3-4)

   Barstow Paraffin       19 Apr 1912 (p1, c1), 10 May 1912 (p1, c3)

   Barstow-San Antonio                12 Sept 1918 (p2, c3)

   Calico Canyon                      15 Dec 1911 (p1, c1)

   Chicago-Barstow Oil   1 Nov 1912 (p3, c4), 27 June 1913 (p1, c1), 18 July 1913 (p1, c4)

   federal seizure   17 Dec 1915 (p5 film spot 7, c2-5)

   Hawes fields   4 Nov 1910 (p3, c4), 11 Nov 1910 (p3, c4), 9 Dec 1910 (p1, c1), 16 Dec 1910 (p1, c2), 23 Dec 1910 (p1, c1), 20 Jan 1911 (p3, c4), 10 Mar 1911 (p1, c1)

   Interstate--see also Oil wells--Kramer    14 Oct 1920 (p1, c4)

   Kramer Oil--see also Oil wells--Barstow fields; Oil wells--Interstate   8 July 1910 (p1, c2), 9 June 1911 (p1, c4), 11 Aug 1911 (p4, c3), 3 Nov 1911 (p1, c4), 21 June 1912 (p1, c2), 21 Nov 1912? (p1, c3), 26 Sept 1913? (p4, c4-5), 23 Jan 1919 (p1, c3-4), 20 Feb 1919 (p1, c5), 3 Apr 1919 (p1, c2), 1 May 1919 (p1, c2), 29 May 1919 (p1, c5), 12 Aug 1920 (p1, c2), 19 Aug 1920 (p1, c5), 11 Nov 1920 (p1, c1), 18 Nov 1920 (p1, c3)

   Mojave   23 Dec 1910 (p1, c1), 9 June 1911 (p2, c1), 18 Aug 1911 (p3, c4), 17 Nov 1911 (p1, c3), 8 Dec 1911 (p1, c4), 19 Jan 1912 (p1, c3)

   Nebo fields                 17 Feb 1911 (p1, c2-4, photo)

ORANGE SHOW--see Recreation

ORO GRANDE
  misc. news--regular column 1910-1913

   sold                             27 Sept 1912 (p4, c1)

ORR, ETHEL MAY--marriage          9 June 1911 (p2, c1)

ORR, WALLACE--death by accident     28 Jan 1916 (p1, c4)

OSBORNE, JONAS B.--pioneer dies     2 May 1913 (p1, c1-2)

OTIS--misc. news--occasional column 1913-1914

OTIS-YERMO--news--regular column 1910-1912

PALLISER--misc. news--occasional column 1915-1920

PARK LANDS--state parks                 2 Jan 1919 (p1, c5)

PARKS, G. B. (mining partner)           10 Feb 1910 (p7, c3)

PATENTS, MINERAL
  gypsum                                30 Dec 1910 (p1, c1)

  misc.                                 12 Aug 1910 (p1, c3)

PENDLETON, A. H.                        23 Mar 1917 (p2, c4-5)

PERRY, RICHARD, Mr. & Mrs.--newlyweds   10 Apr 1915 (p1, c5)

PETTY, HENRY C. (miner)--disappearance  28 Feb 1913 (p1, c2)

PETTY, L. R.--candidate                 25 July 1918 (p4, c5)

PHELAN, JAMES (U. S. Senator)           1 Apr 1920 (p3, c1)

PIKE, W. H. A.--death in service        26 Dec 1918 (p1, c2)

PINE, SAM--candidate                    19 Aug 1910 (p4, c2)

PIPER, J. J., Mrs.                      27 Nov 1919 (p1, c4)

PITCHER, ELLA B.
  candidate         13 June 1918 (p4, c2), 25 July 1918 (p4, c5)

  misc.             30 Jan 1919 (p1, c4), 6 Nov 1919 (p1, c5)

PLOTNER, O. S.                          30 Mar 1917 (p1, c2)

PLOTNER, RALPH                          20 Feb 1919 (p1, c2)

POEMS
  After a Hunting Trip                  1 July 1920 (p1, c5)

  Baseball at Trona (story)             5 June 1919 (p3, c1)

  Contentment                           27 Feb 1919 (p4, c3)

  Daddy Gobbler's Premonition           25 Nov 1920 (p3, c3-5)

  Desert Grave                          4 June 1915 (p8, c2)

  Desert Hungry                         11 Dec 1914 (p8, c5)

  Everybody Boost                       29 July 1910 (p2, c1)

  Fight the Flu                         12 Dec 1912 (p1, c3)

  Growing Old in the Desert             12 May 1916 (p5, c2-3)

  In Memoriam                           22 Apr 1920 (p5, c3)

POEMS (cont.)

| | |
|---|---|
| Kinder, Braver, Sweeter | 10 Apr 1914 (p1, c3) |
| Little Master New Boots | 6 Mar 1919 (p3, c2) |
| The Meadow Lark | 27 Mar 1919 (p4, c3) |
| Mirage Valley | 23 July 1915 (p8, c3) |
| My Desert Home | 9 Jan 1914 (p4, c3-4) |
| New Year Chimes | 24 Dec 1915 (p1, c1) |
| The Queen of the Purple Mist | 27 Mar 1919 (p3, c2) |
| A Rail Fence | 25 Dec 1914 (p1, c2-3) |
| A Song of the Mojave Desert | 20 June 1918 (p2, c3) |
| Stay by Your School | 20 Apr 1917 (film spot 3) |
| Under the Holly Bough | 9 Dec 1920 (p2, c3) |
| Da Veectra Loan | 1 May 1919 (p2, c3) |

POLITICAL CANDIDATES--see Elections--candidates

POLITICAL COMMITTEES
   Republican County Central              7 Oct 1910 (p2, c1)

POLITICAL CONVENTIONS, COUNTY           2 Sept 1910 (p4, c4)

POLITICAL CONVENTIONS, DEMOCRATIC
   delegates                                 26 Aug 1910 (p4, c4)

   misc.       26 Aug 1910 (p1, c1), 9 Sept 1910 (p1, c2, photo)

POLITICAL CONVENTIONS, REPUBLICAN
   delegates       19 Aug 1910 (p4, c3), 26 Aug 1910 (p4, c3)

   misc.                                     9 Sept 1910 (p2, c2-3)

POLITICIANS
  recall   25 Aug 1911 (p2, c1), 1 Sept 1911 (p9, c1), 15 Sept 1911 (p10, c2), 22 Sept 1911 (p1, c1; p5, c3)

POLITICS--see also Government, County; Elections; etc.

   misc. editorials & news : regular column under "Political Pointers", other titles 1912-1913

   Socialism                               3 Nov 1916 (p1, c1)

POPULATION--census figures              31Mar 1911 (p2, c1)

POST, CHARLES
   candidate   8 July 1910 (p1, c1), 19 Aug 1910 (p4, c2), 4 Nov 1910 (p3, c1, photo)

POSTAL SERVICE--see Mail service

POWELL, L. C.                                   6 June 1918 (p1, c2)

PRAHL, RUBY FERN--marriage           17 Apr 1914 (p1, c4)

PRAYERS--untitled                       29 Jan 1920 (p2, c3)

PRESTON, "MOTHER"                    1 Apr 1920 (p1, c3)

PRICE, J. F., Dr. (pastor)--death     10 July 1919 (p1, c2)

PRICE, R. O.--candidate              21 Oct 1920 (p2, c3-5)

PROHIBITION               3 Nov 1916 (p1, c2&4; p2, c4-5)

PROSSER, J. D., Dr.--death?          4 June 1915 (p8, c2)

PUBLICATIONS
   <u>Barstow Printer</u>   4 Oct 1912 (p1, c1-2), 11 Dec 1914 (p8, c1-2), 3 Nov 1916 (p4, c1-2), 1 Dec 1916 (p1, c4-5; p2, c1-2), 8 Dec 1916 (p5, c2), 25 Mar 1920 (p1, c1)

   <u>Kingdom of the Sun</u>   18 July 1913 (p8, c5), 15 Aug 1913 (p4, c2), 29 Aug 1913 (p1, c2), 5 Sept 1913 (p8, c2), 12 Sept 1913 (p8, c5), 26 Dec 1913 (p1, c5), 5 June 1914 (p4, c3), 12 June 1914 (p4, c2)

   <u>Victor Valley News</u>   6 Feb 1914 (p4, c1)

QUARRIES
   Barstow Green Marble   15 Aug 1913 (p1, c3), 29 Aug 1913 (p1, c3)

   marble               7 Oct 1910 (p4, c4), 15 Aug 1913 (p1, c3)

QUIRMBACK, ARTHUR HERMAN         12 Dec 1918 (p1, c5)

RAILROAD CROSSINGS--accidents       3 Apr 1919 (p1, c2)

RAILROADS

   accidents & fires   14 Oct 1910 (p3, c1), 7 July 1911 (p4, c4), 17 Nov 1911 (p4, c1), 7 July 1912 (p8, c4), 15 Nov 1912 (p8, c1), 22 Nov 1912 (p1, c1), 27 June 1913 (p1, c5), 4 July 1913 (p1, c5), 11 July 1913 (p1, c5; p5, c4), 18 July 1913 (p8, c4), 15 Aug 1913 (p1, c4), 11 Feb 1916 (p5, c2), 14 July 1916 (p3, c3), 3 Nov 1916 (p1, c3), 4 July 1918 (p1, c1&2)

   ads--see also Resorts--railroad ads   25 Dec 1919 (p4, c4-5)

RAILROADS (cont.)

    editorials                    7 July 1911 (p3, c2), 14 July 1911 (p4, c1)

    entertainment                           7 July 1911 (p2, c1)

    hobos  16 Sept 1910 (p3, c2), 17 Nov 1911 (p4, c2), 2 Feb 1912 (p1, c4)

    joint Santa Fe-Salt Lake stations        28 Jan 1916 (p1, c4)

    mines  16 May 1913 (p8, c4), 1 Aug 1913 (p8, c3), 17 July 1919 (p1, c1)

    misc. news : regular feature 1910-1912; occasional column under "Railroad Affairs", "Railroad Notes", "High Ball", etc. 1913-1920 30 May 1913 (p1, c4), 14 Nov 1913 (p1, c4), 21 Nov 1913 (p1, c4), 28 Nov 1913 (p1, c2), 19 Dec 1913 (p1, c4), 26 Dec 1913 (p1, c3)

    oil companies                           30 May 1913 (p1, c4)

    rates  16 Sept 1910 (p3, c1), 23 Sept 1910 (p8, c4), 22 Dec 1911 (p1, c1)

    route construction   27 Jan 1911 (p1, c1), 5 July 1912 (p3, c1)

    schedules  8 Aug 1913 (p8, c3-4), 5 Dec 1913 (p8, c3-4), 2 Jan 1914 (p8, c4-5), 10 Sept 1915 (p6, c4-5), 8 Dec 1915 (p6, c4-5), 23 Jan 1919 (p3, c4-5), 4 Dec 1919 (p4, c1-2), 9 Dec 1920 (p8, c1-2)

    tunnels                                 27 Sept 1912 (p1, c1)

    yards (Barstow)                       16 Sept 1910 (p3, c1)

RAILROADS (PACIFIC ELECTRIC)
   ads  18 Jan 1918 (p2, c4-5), 4 July 1918 (p2, c4-5), 3 July 1919 (p4, c1-2)

RAILROADS (SALT LAKE)
   accidents & fires  10 Apr 1914 (p1, c2), 15 May 1914 (p1, c3), 12 Nov 1915 (p1, c5), 24 Dec 1915 (p5, c2, film spot 3), 4 Nov 1920 (p1, c1-3&5; p7, c1&4)

   ads  15 Dec 1911 (p2, c2-3), 12 Apr 1912 (p2, c2-3), 11 Dec 1914 (p3, c4-5), 18 Dec 1914 (p2, c4-5; p6, c4-5, film spot 3), 29 Oct 1915 (p7, c1-2), 4 May 1917 (p4, c4-5), 15 June 1917 (p2, c1-2), 18 Jan 1918 (p4, c4-5)

    agricultural train                   27 Jan 1911 (p1, c4)

    Greek & Mexican workers           26 Aug 1910 (p2, c1)

   misc. news  26 Aug 1910 (p2, c1), 9 Sept 1910 (p2, c1), 3 Feb 1911 (p8, c2), 21 July 1916 (p1, c4)

RAILROADS (SALT LAKE) (cont.)

  route construction   7 Oct 1910 (p4, c1), 14 Oct 1910 (p3, c1), 18 Nov 1910 (p1, c1), 25 Nov 1910 (p3, c4), 20 Jan 1911 (p3, c4), 7 Apr 1911 (p4, c4), 7 July 1911 (p2, c4), 25 Aug 1911 (p3, c4), 1 Sept 1911 (p1, c3), 17 Nov 1911 (p4, c3), 22 Dec 1911 (p7, c3), 2 Feb 1912 (p4, c2), 16 Feb 1912 (p1, c2), 23 Feb 1912 (p1, c2-3), 15 Mar 1912 (p2, c2), 11 Dec 1914 (p1, c2)

  route damage & repair                10 Feb 1911 (p8, c2)

RAILROADS (SANTA FE)
  accidents & fires   8 July 1910 (p6, c2), 25 Nov 1910 (p1, c1), 23 June 1911 (p8, c1), 5 July 1912 (p1, c2), 25 Oct 1912 (p7, c1), 9 May 1913 (p1, c1), 19 Dec 1913 (p1, c5), 31 Dec 1915 (p1, c2), 28 Jan 1916 (p1, c4), 12 May 1916 (p1, c1), 13 Apr 1917 (p1, c3), 4 May 1917 (p1, c5), 15 June 1917 (p1, c4-5), 24 June 1920 (p1, c4), 12 Aug 1920 (p1, c5)

  ads   8 Aug 1913 (p8, c3-4), 5 Sept 1913 (p8, c3-4), 22 May 1914 (p4, c3-4), 4 Dec 1914 (p4, c4-5), 20 Aug 1915 (p7, c4-5), 29 Oct 1915 (p5, c1-2; p6, c1-2), 4 May 1917 (p6, c1-2), 29 June 1917 (p4, c1-2)

  editorials                                7 July 1912 (p7, c2)

  Harvey House--see Business (Barstow)

  misc. news   17 Feb 1911 (p1, c1), 17 Mar 1911 (p2, c4), 14 July 1911 (p4, c1), 28 July 1911 (p4, c3), 11 Aug 1911 (p4, c4), 8 Sept 1911 (p1, c3), 22 Dec 1911 (p1, c1), 27 Feb 1914 (p2, c1), 12 Nov 1915 (p1, c1), 16 Sept 1920 (p1, c2)

  oil cars' repair                   29 Aug 1913 (p1, c5)

  operations changes   29 July 1920 (p1, c4), 4 Nov 1920 (p4, c1)

  recreation & reading hall   10 Feb 1911 (p1, c1), 18 Jan 1918 (p1, c2)

  route acquisition               18 Aug 1911 (p2, c3)

  route construction   15 July 1910 (p1, c2), 21 Oct 1910 (p2, c1), 4 Nov 1910 (p3, c4), 11 Nov 1910 (p4, c3), 7 July 1911 (p4, c1), 4 Aug 1911 (p3, c4), 2 Feb 1912 (p7, c3), 1 Mar 1912 (p1, c1), 24 Jan 1913 (p1, c1)

  Safety Committee                13 Feb 1914 (p1, c2)

  schedules   28 Nov 1913 (p1, c3), 24 Apr 1919 (p2, c1-2), 21 Oct 1920 (p1, c3)

  stations & yards   8 July 1910 (p2, c4), 19 Aug 1910 (p1, c2-3, photo), 30 Sept 1910 (p4, c1), 2 Dec 1910 (p3, c1), 16 Dec 1910 (p1, c3), 27 Jan 1911 (p1, c1), 17 Feb 1911 (p1, c1), 21 July

RAILROADS (SANTA FE) (cont.)

1911 (p1, c4; p2, c4), 20 Oct 1911 (p1, c4), 10 Nov 1911 (p1, c1), 17 Nov 1911 (p1, c2), 8 Dec 1911 (p1, c2), 29 Dec 1911 (p7, c1), 2 Feb 1912 (p1, c2), 16 Feb 1912 (p1, c4), 3 May 1912 (p5, c4), 31 May 1912 (p3, c3), 14 June 1912 (p1, c2), 16 Aug 1912 (p1, c3), 20 Sept 1912 (p1, c1), 7 Feb 1913 (p8, c5)

RAILROADS (SOUTHERN PACIFIC)
  accidents & fires                           30 Oct 1919 (p1, c2)

  ads        5 Aug 1920 (p4, c2-3), 25 Nov 1920 (p2, c1-2)

RAILROADS (TONOPAH & TIDEWATER)
  accidents & fires                           23 Aug 1912 (p8, c1)

  misc. 24 Nov 1911 (p1, c1), 25 Dec 1914 (p5, c3), 14 Jan 1916 (p1, c4), 10 Mar 1916 (p7, c2), 20 Mar 1919 (p2, c3)

RAILROADS (U.S. RAILROAD ADMINISTRATION)
  misc.                                      5 June 1919 (p2, c1-2)

RALPHS, JOHN C.
  candidate  8 July 1910 (p1, c1), 19 Aug 1910 (p4, c2), 7 Oct 1910 (p3, c1, photo)

RAMOS, S.--shot                         25 Oct 1912 (p8, c4)

RAMOZ, LUCAS--fire                    30 Mar 1917 (p1, c1)

RANDSBURG--see also Mines (Randsburg)

  misc. news--occasional column 1911-1912, 1919-1920

RAYBURN, J. M.--injured              11 Feb 1916 (p5, c2)

REAL ESTATE--see also Business

  ads, local  26 Jan 1912 (p5, c4), 5 Mar 1915 (p2, c3-5, photo), 16 July 1915 (p5, c1&4-5), 6 Aug 1915 (p2, c3-4; p5, c1), 31 Dec 1915 (p8, c4-5), 26 Jan 1917 (p1, c4-5), 2 Dec 1920 (p2, c1-2)

  ads, national    12 Sept 1913 (p5, c1-2), 19 Sept 1913 (p8, c3)

  agriculture  22 Oct 1915 (p1, c2), 6 June 1918 (p1, c5), 8 May 1919 (p1, c5)

  associations--see Clubs and assns.

  editorials & letters  4 June 1915 (p1, c4; p4, c1-2), 5 Nov 1915 (p1, c3), 12 Nov 1915 (p4, c1-2), 17 Dec 1915 (p1, c1), 21 July 1916 (p4, c1-2), 6 Dec 1918 (p2, c1-2)

  federal action                            23 Feb 1912 (p3, c2)

REAL ESTATE (cont.)

  misc.  4 Dec 1914 (p1, c1), 4 June 1915 (p1, c1-2), 16 July 1915 (p1, c1-3), 6 Aug 1915 (p7, c2-3), 22 Oct 1915 (p5, c1-2), 3 Mar 1916 (p5, c1-2)

  speculation          2 Dec 1910 (p3, c1), 13 Jan 1911 (p3, c1)

REAL ESTATE--APPLE MESA--misc.      4 Apr 1913 (p4, c1-4)

REAL ESTATE--BARSTOW
  ads                                28 Nov 1913 (p1, c5)

  Barstow Real Estate          16 Dec 1920 (p1, c3)

  commercial  8 Mar 1912 (p1, c3), 29 Nov 1912 (p1, c1), 16 May 1913 (p1, c5), 12 Dec 1913 (p1, c4), 2 June 1916 (p1, c3), 21 July 1916 (p3, c1)

  misc.  8 Mar 1912 (p1, c4), 19 Apr 1912 (p3, c3), 17 Jan 1913 (p1, c2), 14 Feb 1913 (p1, c3), 26 Sept 1913 (p1, c5), 12 Nov 1915 (p4, c1-2), 9 Feb 1917 (p1, c5)

  Williams Addition           19 May 1911 (p1, c2-3, map)

REAL ESTATE--CRONESE VALLEY--agriculture    3 Mar 1916 (p1, c1)

REAL ESTATE--GOLDEN VALLEY--agriculture    30 Sept 1920 (p1, c1)

REAL ESTATE--HESPERIA--misc.      29 Oct 1915 (p1, c2)

REAL ESTATE--HINKLEY
  agriculture                   15 June 1917 (p1, c1)

  misc.                            24 Dec 1915 (p1, c1)

REAL ESTATE--LUCERNE VALLEY--misc.  4 Apr 1913 (p4, c1-4; p8, c3)

REAL ESTATE--MESAGRAND
  misc.            14 June 1912 (p5, c1), 21 June 1912 (p1, c4)

REAL ESTATE--NEEDLES--construction      21 Feb 1913 (p4, c3)

RECREATION
  aerodrome                    26 Jan 1912 (p6, c4)

  auto races      12 Dec 1913 (p1, c1), 16 Mar 1917 (p3, c2), 23 Mar 1917 (p3, c1), 13 Apr 1917 (p1, c1-2), 29 May 1919 (p1, c3)

  bands  26 Apr 1912 (p1, c1), 3 May 1912 (p3, c1), 10 May 1912 (p1, c1), 17 May 1912 (p4, c2), 12 July 1912 (p4, c4), 9 Aug 1912 (p3, c4), 30 Aug 1912 (p4, c2)

  Barstow Theatre              6 Apr 1917 (p1, c2)

RECREATION (cont.)

Barstow Theatre ads                           1 Dec 1916 (p1, c1-2)

baseball   26 Aug 1910 (p4, c2), 16 Sept 1910 (p2, c4), 21 Apr 1911 (p1, c1), 12 May 1911 (p4, c1), 26 May 1911 (p1, c1), 9 June 1911 (p2, c1), 7 July 1911 (p4, c3), 4 Aug 1911 (p3, c4), 21 June 1912 (p3, c4), 5 July 1912 (p1, c3), 1 Nov 1912 (p3, c2), 22 Nov 1912 (p6, c2), 29 Nov 1912 (p10, c1), 25 Apr 1913 (p1, c3), 9 May 1913 (p1, c5), 16 May 1913 (p1, c5), 4 July 1913 (p1, c4), 8 Aug 1913 (p8, c5), 5 Dec 1913 (p8, c5), 23 Jan 1914 (p8, c4), 6 Feb 1914 (p1, c2), 17 Apr 1914 (p1, c3), 8 May 1914 (p1, c5), 22 May 1914 (p1, c4), 30 Oct 1914 (p1, c5), 16 July 1915 (p1, c4), 12 May 1916 (p3, c1), 6 Apr 1917 (p1, c1), 25 Apr 1918 (p1, c2), 16 May 1918 (p1, c4&5), 20 Mar 1919 (p1, c1), 3 Apr 1919 (p1, c1), 17 Apr 1919 (p1, c5), 24 Apr 1919 (p1, c5), 29 May 1919 (p1, c1), 5 June 1919 (p3, c1), 7 Aug 1919 (p1, c5), 29 Jan 1920 (p1, c5), 25 Mar 1920 (p1, c3), 1 Apr 1920 (p1, c2), 8 Apr 1920 (p1, c2), 29 Apr 1920 (p1, c3; p4, c1), 6 May 1920 (p1, c5), 13 May 1920 (p1, c3), 20 May 1920 (p5, c1-3), 3 June 1920 (p1, c2), 10 June 1920 (p3, c3), 17 June 1920 (p3, c1-5), 24 June 1920 (p1, c2), 1 July 1920 (p1, c2-3), 5 Aug 1920 (p1, c3), 26 Aug 1920 (p1, c5), 30 Sept 1920 (p1, c5)

baseball, pro                                 22 Aug 1913 (p1, c3)

baseball, women's   22 Sept 1911 (p10, c1), 29 Sept 1911 (p1, c1)

basketball   9 Feb 1917 (p1, c2), 16 Feb 1917 (p1, c1), 23 Mar 1917 (p3, c2), 27 Apr 1917 (p1, c2)

basketball, co-ed   28 Nov 1913 (p1, c4), 12 Dec 1913 (p1, c3), 2 Jan 1914 (p1, c2)

basketball, women's   9 Jan 1914 (p5, c5), 23 Feb 1917 (p1, c1), 6 Apr 1917 (p2, c5), 27 Apr 1917 (p1, c2)

Bon Ton Coterie      4 July 1913 (p8, c5), 11 July 1913 (p1, c4)

bowling                                       29 Sept 1911 (p7, c4)

boxing                                        7 Feb 1913 (p4, c1)

bridge (cards)                                13 Nov 1919 (p1, c5)

camping                                       16 July 1915 (p1, c5)

carnival ads     13 Mar 1914 (p2, c3-4), 26 Feb 1920 (p3, c1-2)

Chautauqua   6 Feb 1919 (p2, c3-4; p3, c3-5, photos), 13 Feb 1919 (p1, c2), 20 Feb 1919 (p1, c2&5), 27 Feb 1919 (p1, c5), 4 Dec 1919 (p2, c3; p3, c4-5; p7, c2-3; photos), 2 Dec 1920 (p1, c2, photo; p3, c1-5), 9 Dec 1920 (p1, c3)

RECREATION (cont.)

   church socials     26 July 1912 (p3, c1), 31 July 1919 (p1, c4)

   circus  1 Sept 1911 (p1, c2), 22 Sept 1911 (p5, c2), 16 Aug 1912 (p1, c1), 10 Sept 1915 (p1, c1)

   circus ads  29 Sept 1911 (p2, c1-4), 16 Aug 1912 (p4, c2-3), 10 Sept 1915 (p5, c1-3)

   concerts                                 27 Apr 1917 (p1, c1)

   Death Valley Ball                14 Jan 1916 (p8, c3)

   Desert Empire Fair  20 Aug 1915 (p1, c4-5), 10 Sept 1915 (p1, c2)

   drama                                       28 Feb 1913 (p1, c3)

   Fletcher Opera House--see also Recreation--Liberty Theatre
      7 Apr 1911 (p1, c3), 14 Apr 1911 (p1, c4), 18 July 1913 (p1, c1-2, photo), 30 Jan 1914 (p1, c2), 4 Feb 1916 (p3, c3), 6 Apr 1917 (p1, c2), 3 June 1920 (p1, c3)

   Fletcher Opera House ads  28 Feb 1913 (p8, c3-4), 7 May 1915 (p3, c3-4), 6 Aug 1915 (p3, c4-5), 23 Jan 1919 (p2, c1-2), 6 Feb 1919 (p4, c1-2), 13 Mar 1919 (p4, c1-2), 1 May 1919 (p4, c1-2), 2 Oct 1919 (p4, c1-2)

   Fletcher Opera House sold        21 Oct 1920 (p3, c5)

   football                                 1 Dec 1916 (p1, c5)

   glee clubs                             6 Apr 1917 (p1, c5)

   gymnastics                             9 May 1918 (p1, c4)

   horse racing     16 Dec 1910 (p1, c4), 23 Dec 1910 (p1, c2)

   labor unions                          3 Apr 1919 (p3, c5)

   lectures--see also Recreation--Chautauqua
      19 Jan 1912 (p5, c4), 18 Apr 1913 (p1, c4), 9 May 1918 (p1, c1), 16 Oct 1919 (p1, c1)

   Liberty Theatre--see also Recreation--Fletcher Opera House
      4 Nov 1920 (p7, c1), 2 Dec 1920 (p1, c3), 30 Dec 1920 (p1, c5)

   Liberty Theatre ads  4 Nov 1920 (p8, c1-2), 30 Dec 1920 (p4, c1-2)

   libraries--see Libraries, County

   Majestic Theater                   9 Aug 1912 (p1, c3)

RECREATION (cont.)

 masquerades 3 Nov 1911 (p4, c4), 8 Nov 1912 (p7, c1), 15 May 1914 (p1, c3), 20 Feb 1919 (p1, c5), 22 Jan 1920 (p1, c3)

 minstrels 29 Sept 1911 (p1, c1; p7, c4), 4 June 1915 (p3, c2), 23 July 1915 (p3, c3), 26 Sept 1918 (p2, c3), 8 Apr 1920 (p1, c2)

 minstrel ads  1 Nov 1912 (p1, c2)

 movie house ads 5 Apr 1912 (p1, c4), 2 Jan 1919 (p5, c1-2&4-5), 6 Feb 1919 (p4, c4-5)

 movie houses--see also Recreation--Fletcher Opera House; others
  20 Oct 1911 (p8, c4), 27 Oct 1911 (p4, c1), 2 Jan 1919 (p2, c5), 15 May 1919 (p4, c3), 23 Oct 1919 (p1, c3&4)

 movie production  16 Dec 1920 (p2, c1)

 music & revues 15 Sept 1911 (p2, c4), 2 May 1918 (p1, c2), 9 May 1918 (p3, c3), 26 Feb 1920 (p1, c3)

 Orange Show 24 Jan 1913 (p4, c4), 14 Feb 1913 (p4, c3), 16 Jan 1914 (p5, c5), 23 Jan 1914 (p8, c4), 30 Jan 1914 (p5, c5), 13 Feb 1914 (p8, c5), 11 Dec 1914 (p1, c4), 18 Dec 1914 (p1, c4), 31 Dec 1915 (p1, c4), 4 Feb 1916 (p4, c3-4), 11 Feb 1916 (p1, c4), 14 July 1916 (p8, c3), 16 Feb 1917 (p1, c5), 23 Feb 1917 (p3, c3-4), 18 Jan 1918 (p3, c4), 30 Jan 1919 (p1, c2), 6 Feb 1919 (p1, c2), 18 Dec 1919 (p1, c1), 15 Jan 1920 (p1, c1), 5 Feb 1920 (p1, c1), 12 Feb 1920 (p4, c4-5)

 pageants  18 Dec 1914 (p1, c4)

 parties, dances, balls 3 May 1912 (p6, c4), 14 June 1912 (p6, c4), 5 July 1912 (p4, c1), 8 Nov 1912 (p7, c1), 22 Nov 1912 (p5, c1), 31 Jan 1913 (p1, c5), 14 Feb 1913 (p4, c1), 16 May 1913 (p8, c4), 4 July 1913 (p8, c5), 7 Nov 1913 (p1, c1&3), 10 Apr 1914 (p1, c5), 22 May 1914 (p1, c4), 21 May 1915 (p1, c1), 4 June 1915 (p3, c2), 29 Oct 1915 (p1, c3), 5 Nov 1915 (p1, c5), 12 Nov 1915 (p1, c3), 7 Jan 1916 (p6, c2), 14 Jan 1916 (p3, c2), 12 May 1916 (p1, c4), 16 Feb 1917 (p1, c1), 30 Mar 1917 (p1, c2), 27 Apr 1917 (p1, c1), 29 June 1917 (p1, c3), 18 Jan 1918 (p1, c5), 27 June 1918 (p1, c3), 6 Mar 1919 (p1, c1), 24 Apr 1919 (p1, c4), 22 May 1919 (p2, c2), 5 June 1919 (p1, c2), 20 May 1920 (p5, c2), 24 June 1920 (p1, c3), 23 Dec 1920 (p2, c3)

 picnics, barbeques, swim parties 28 Apr 1911 (p1, c4; p2, c1), 12 May 1911 (p2, c1), 6 Oct 1911 (p2, c1), 17 Apr 1914 (p4, c3-4), 6 Apr 1917 (p2, c4), 2 May 1918 (p3, c3), 16 May 1918 (p1, c1), 22 May 1919 (p1, c3), 12 June 1919 (p1, c1), 3 July 1919 (p1, c2), 30 Oct 1919 (p1, c2), 29 Jan 1920 (p1, c5), 10 June 1920 (p1, c2), 23 Dec 1920 (p1, c2)

 quilting parties  27 Nov 1919 (p1, c3)

RECREATION (cont.)

    shooting matches                        28 Nov 1913 (p1, c4)

    smokers--see Clubs and assns.--Trona Athletic Club

    Southern California Fair   2 Oct 1919 (p2, c1-2), 14 Oct 1920 (p3, c3; p4, c1-2)

    Strawberry Festival                  16 May 1918 (p3, c3)

    swimming                              22 June 1917 (p1, c4)

    track & field                        9 May 1918 (p1, c2)

    Victory Theatre   2 Jan 1919 (p2, c5), 13 Feb 1919 (p1, c4), 13 Mar 1919 (p3, c2)

    Victory Theatre ads                  13 Mar 1919 (p4, c4-5)

    whist clubs   28 Apr 1911 (p8, c1), 27 Oct 1911 (p2, c1), 7 Feb 1913 (p8, c5)

    Wild West shows              27 Oct 1911 (p3, c2-3, illus.)

    Ye Old Time Club (dancing)--see Clubs and assns.

RECREATION CENTER--proposal           18 Mar 1920 (p1, c1)

RED CROSS--see Charities; World War I--volunteers

REDFERN, MELBA, (Mrs. W. J. Hensley)--death   10 Apr 1919 (p1, c5)

REINERTH, E. A. (Justice)
    candidate                          10 Mar 1916 (p1, c3)

    elected                            11 Nov 1910 (p1, c4)

RELIGION
    ads         22 Apr 1920 (p2, c1-2), 29 Apr 1920 (p2, c1-2)

    Barstow Gospel Mission   8 May 1914 (p1, c4), 9 Oct 1914 (p1, c5), 22 Oct 1915 (p3, c2)

    Barstow Union Church   9 Oct 1914 (p1, c5), 22 Oct 1915 (p3, c2)

    Christian Endeavor Society   24 Mar 1911 (p1, c4), 21 Feb 1913 (p1, c3)

    editorials & letters   11 Nov 1910 (p3, c4), 13 Mar 1919 (p1, c1), 20 Mar 1919 (p3, c1), 27 Mar 1919 (p1, c2), 1 Apr 1920 (p3, c2), 16 Sept 1920 (p4, c1)

    Free Methodist Church             22 Oct 1915 (p3, c2)

RELIGION (cont.)

   lectures               10 June 1920 (p1, c3), 2 Sept 1920 (p1, c5)

   misc.  31 Mar 1911 (p1, c1), 9 June 1911 (p2, c1), 25 Apr 1913 (p1, c2), 10 Sept 1915 (p6, c3)

   revival meetings      22 Jan 1920 (p1, c5), 22 Apr 1920 (p1, c3)

  San Bernardino County Sunday School Assn.    18 Dec 1914(p3 film spot 6 , c3)

  Sunday School Assn. convention  29 Mar 1912 (p3, c1), 11 Apr 1913 (p1, c1-2)

   Union Church       11 Nov 1910 (p3, c4), 21 Feb 1913 (p1, c3)

   Union Church of Christ    24 Dec 1915 (p5, c3, film spot 3)

RELIGION (CATHOLIC)
  construction  28 Apr 1911 (p1, c4), 19 May 1911 (p1, c1), 14 Feb 1913 (p1, c4), 2 May 1913 (p1, c2)

   fundraising                   18 Apr 1913 (p1, c4)

   misc.  2 June 1911 (p1, c1), 19 Sept 1913 (p1, c2), 31 July 1919 (p1, c4), 16 Oct 1919 (p1, c1), 23 Oct 1919 (p1, c5), 22 Jan 1920 (p1, c5), 25 Mar 1920 (p1, c5), 22 Apr 1920 (p1, c3), 20 May 1920 (p1, c1)

  St Joseph's Roman Catholic  31 Dec 1915 (p3, c3), 11 Feb 1916 (p3, c2)

RELIGION (CONGREGATIONAL)
  misc.                            20 Nov 1919 (p1, c1)

  Union Congregational Church  29 Jan 1920 (p1, c3), 25 Mar 1920 (p1, c2)

RELIGION (EPISCOPAL)            27 Oct 1911 (p1, c1)

RELIGION (FREE METHODIST)    9 Oct 1919 (p1, c5), 19 Feb 1920 (p1, c3)

RELIGION (METHODIST)
  concerts                    24 June 1920 (p1, c3)

  Sunday school             16 Jan 1919 (p1, c3)

RENNISON, ROBERT (Episcopal minister)    27 Oct 1911 (p1, c1)

REPUBLICAN PARTY--see Elections...; Political...

RESORTS
  Bear Valley       8 Dec 1916 (p1, c2), 12 Aug 1920 (p2, c2)

RESORTS (cont.)

   Big Bear                                      15 July 1920 (p1, c5)

   railroad ads--see also Railroads--ads
     12 June 1919 (p2, c1-2), 19 June 1919 (p2, c1-2), 3 July 1919 (p4, c1-2), 17 July 1919 (p4, c1-2&4-5), 31 July 1919 (p4, c4-5), 29 July 1920 (p12, c2-3)

   San Bernardino Mountains         22 June 1917 (p3, c3)

   Urbita Hot Springs   31 Mar 1911 (p4, c3), 9 June 1911 (p2, c1), 29 Mar 1912 (p5, c4)

   Urbita Hot Springs ads          22 Dec 1911 (p2, c2-3)

RICH, FRANK W.--marriage          20 Apr 1917 (p1, c4)

RICHARDSON, MARY W. (farm home agent)  17 June 1920 (p1, c5)

RICHE, RAY--death from flu        28 Nov 1918 (p1, c2)

RIED, E. W., Dr.--candidate        19 Aug 1910 (p4, c2)

RITCHIE, W. S.--poem              9 Jan 1914 (p4, c3-4)

ROAD AND BRIDGE DAMAGE
  fires                               4 Aug 1911 (p4, c4)

  floods                            17 Mar 1911 (p4, c1)

ROAD ASSOCIATIONS--see Clubs and assns.

ROAD BRIDGES
  construction  8 Sept 1911 (p2, c2), 15 Sept 1911 (p1, c3), 6 Oct 1911 (p1, c3), 20 Oct 1911 (p1, c3), 3 Nov 1911 (p3, c3), 1 Dec 1912 (p2, c4), 9 Feb 1912 (p3, c4), 23 Feb 1912 (p4, c1), 22 Mar 1912 (p5, c2), 12 Apr 1912 (p1, c3), 3 May 1912 (p3, c2), 23 May 1913 (p1, c1-2)

   editorials        25 Aug 1911 (p4, c3), 17 Nov 1911 (p1, c1)

   misc.  23 Sept 1910 (p7, c4), 11 Nov 1910 (p2, c1), 18 Nov 1910 (p1, c1), 25 Nov 1910 (p1, c4), 2 Dec 1910 (p1, c4), 13 Jan 1911 (p4, c4), 27 Jan 1911 (p2, c4), 10 Feb 1911 (p8, c2), 17 Feb 1911 (p8, c3), 10 Mar 1911 (p4, c2), 18 Aug 1911 (p1, c3; p4, c4), 1 Dec 1911 (p3, c1), 20 Sept 1912 (p1, c4), 20 June 1913 (p1, c4), 20 Feb 1914 (p1, c3), 4 Dec 1914 (p1, c3), 16 July 1915 (p2, c2), 31 Dec 1915 (p1, c3), 7 Jan 1916 (p1, c5), 28 Jan 1916 (p1, c3), 4 Feb 1916 (p1, c4-5), 11 Feb 1916 (p1, c1-2), 3 Mar 1916 (p2, c3), 23 Feb 1917 (p4, c1)

ROAD COSTS AND FINANCES         17 July 1919 (p2, c1-2)

ROAD SIGNS

    editorials          29 Mar 1912 (p6, c1), 14 June 1912 (p6, c1)

  misc.  7 Oct 1910 (p2, c1), 14 Oct 1910 (p3, c1), 7 July 1911 (p2, c4), 2 Feb 1912 (p5, c4), 15 Mar 1912 (p2, c4), 20 Sept 1912 (p8, c2), 18 Oct 1912 (p8, c2), 15 Nov 1912 (p8, c4), 22 Nov 1912 (p5, c4), 13 Apr 1917 (p1, c2), 27 Apr 1917 (p2, c2), 23 Jan 1919 (p3, c3), 27 Mar 1919 (p3, c1), 10 Apr 1919 (p1, c1-2), 1 Apr 1920 (p1, c2)

ROADS

  accidents--see Motor vehicle accidents

  bonds--see also Elections--road bonds    24 June 1920 (p1, c1)

  business boost  26 Feb 1920 (p1, c3), 10 June 1920 (p2, c1), 17 June 1920 (1, c3), 24 June 1920 (p4, c1)

  campgrounds  22 May 1919 (p1, c2), 12 June 1919 (p1, c1), 19 June 1919 (p3, c2)

  construction & maintenance  18 Nov 1910 (p4, c4), 2 June 1911 (p4, c2), 1 Mar 1912 (p1, c3), 5 July 1912 (p1, c1; p2, c2), 23 Aug 1912 (p8, c4), 4 Apr 1913 (p1, c1), 11 Apr 1913 (p1, c5), 25 Dec 1914 (p4, c3), 14 Jan 1916 (p1, c2; p7, c3), 28 Jan 1916 (p1, c3), 27 Apr 1917 (p1, c5), 19 Dec 1918 (p1, c4), 6 Mar 1919 (p1, c3), 20 Mar 1919 (p1, c5), 21 Aug 1919 (p1, c3), 10 June 1920 (p2, c2), 15 July 1920 (p2, c3), 2 Dec 1920 (p1, c2)

  construction, volunteer  28 Nov 1913 (p1, c1), 12 Dec 1913 (p8, c5)

  County Highway Commission--see Government, County

  editorials & letters  5 May 1911 (p2, c1), 17 Nov 1911 (p2, c1&3), 9 Feb 1912 (p1, c1), 1 Mar 1912 (p3, c1), 29 Mar 1912 (p2, c2), 31 May 1912 (p3, c4), 14 June 1912 (p2, c2), 2 Aug 1912 (p5, c4), 23 Aug 1912 (p8, c4), 6 June 1913 (p4, c1), 7 Nov 1913 (p1, c1), 28 Nov 1913 (p4, c1&5), 5 Dec 1913 (p4, c1), 19 Dec 1913 (p4, c1), 26 Dec 1913 (p4, c1), 23 Jan 1914 (p4, c1), 20 Feb 1914 (p4, c1), 19 June 1914 (p2, c1), 21 May 1915 (p1, c1; p4, c1-2), 16 July 1915 (p1, c4-5), 6 Aug 1915 (p1, c2), 31 Dec 1915 (p4, c1-2), 30 Mar 1917 (p1, c4), 13 Apr 1917 (p1, c4-5), 13 Feb 1919 (p1, c5), 14 Aug 1919 (p2, c1-2), 21 Aug 1919 (p2, c1-2), 8 Apr 1920 (p2, c1), 29 Apr 1920 (p4, c1), 10 June 1920 (p2, c1), 5 Aug 1920 (p1, c3), 16 Sept 1920 (p1, c2)

  gates                            7 June 1912 (p2, c2)

  Grand Jury report--see Government, County

  misc.  23 Sept 1910 (p7, c1), 21 Oct 1910 (p3, c4), 20 June 1913 (p1, c1), 13 Feb 1914 (p1, c4), 22 Jan 1920 (p1, c3)

  Mormon Trail       3 Mar 1916 (p1, c3), 10 Mar 1916 (p7, c1)

ROADS (cont.)

National Highways   25 Apr 1913 (p1, c1-2), 2 May 1913 (p1, c3), 9 May 1913 (p1, c1), 23 May 1913 (p1, c1-2), 30 May 1913 (p1, c1-2), 6 June 1913 (p1, c1-2), 20 June 1913 (p8, c4), 27 June 1913 (p1, c1; p4, c1), 4 July 1913 (p1, c1-2), 11 July 1913 (p1, c1), 18 July 1913 (p5, c2-3), 15 Aug 1913 (p1, c1), 22 Aug 1913 (p1, c1), 7 Nov 1913 (p1, c1), 28 Nov 1913 (p1, c1), 12 Dec 1913 (p1, c2), 20 Feb 1914 (p1, c3), 3 Apr 1914 (p1, c2), 10 Apr 1914 (p1, c2), 15 May 1914 (p1, c4), 21 Nov 1918 (p1, c5), 19 Dec 1918 (p1, c4), 17 July 1919 (p1, c2), 6 Nov 1919 (p1, c5), 21 Oct 1920 (p1, c5)

National Parks Highway   29 July 1920 (p1, c3), 5 Aug 1920 (p1, c5), 7 Oct 1920 (p1, c2), 21 Oct 1920 (p1, c1-3, map), 28 Oct 1920 (p1, c5), 25 Nov 1920 (p1, c2)

Old Trails Highway                          5 Nov 1915 (p1, c2)

proposed   10 Mar 1911 (p1, c2-3; p3, c1&4), 17 Mar 1911 (p1, c1-3), 9 Feb 1912 (p1, c1), 7 May 1915 (p1, c3), 29 Jan 1920 (p1, c3), 19 Feb 1920 (p1, c3), 25 Mar 1920 (p1, c2)

State Highways   23 May 1913 (p1, c5), 17 July 1919 (p1, c2), 20 Nov 1919 (p1, c1), 12 Aug 1920 (p1, c2)

ROBBERY--see Crime

ROBERTS, EDWARD DAVID--death               5 Aug 1920 (p2, c3)

ROBERTS, J. WALTER--death from flu         16 Jan 1919 (p1, c1)

ROBERTS, W. P                              5 Dec 1918 (p1, c5)

ROBISON, ARVILLA--marriage                 8 May 1914 (p1, c5)

ROLFE, AMOS--killed                        16 Dec 1910 (p1, c2)

ROMERO, MARTIN                             2 Dec 1920 (p8, c5)

ROMERO, ROCENDO
  murder charge        22 May 1914 (p1, c3), 12 June 1914 (p1, c5)

ROTH, JOHN F.--marriage                    3 Mar 1916 (p3, c2)

ROUCH, FAY V.--marriage                    3 Mar 1916 (p3, c2)

ROUCH, SARAH--death                        12 Feb 1920 (p1, c5)

ROYAL, JACK--kidnapped                     2 Sept 1920 (p1, c2)

RUFFNER, JOSEPH, Jr.--poem                 20 June 1918 (p2, c3)

RUIZ, ALFRED--son shot                     9 Dec 1910 (p1, c3)

RUMMICH, CARL (Harvey House mgr.)   17 Feb 1911 (p1, c1), 8 Sept 1911 (p1, c3)

RUMMICH, EVELYN--birthday party          28 July 1911 (p4, c4)

RUPP, JOHN J. (Pres., Rose Gold Mine)     8 July 1910 (p4, c4)

RYAN, FATHER (priest)                     28 Apr 1911 (p1, c4)

RYAN COUNTY--see also County size--proposed split

   proposed county                       2 Sept 1910 (p4, c4)

SALT LAKE RAILROAD--see Railroads (Salt Lake)

SAN ANTONE VALLEY--misc. news--see also Clubs and assns.

   occasional column 1914

SANITATION--solids      27 May 1920 (p1, c4), 2 Dec 1920 (p1, c1)

SANITATION--BARSTOW                       4 May 1917 (p5, c3)

SANTA FE RAILROAD--see Railroads (Santa Fe)

SANTHU, GEORGE--marriage                  29 Oct 1915 (p1, c4)

SASSELLA, VICTOR--mine injury             30 May 1913 (p1, c5)

SCHMIDT, VALDEMAR--marriage               23 Dec 1920 (p1, c2)

SCHOOL BOOKS--editorials                   6 Jan 1911 (p2, c1)

SCHOOL CURRICULUM--language courses       30 May 1918 (p2, c1-2)

SCHOOL FUNDS--see also Elections--school bonds; etc.
                                                       7 Mar 1918 (p1, c2)

SCHOOL SUPERINTENDENT                     25 Apr 1913 (p8, c5)

SCHOOL TEACHERS
   shortage                              8 July 1920 (p1, c3)

   Teacher's Institute   23 Dec 1910 (p3, c4), 15 Dec 1911 (p1, c4)

SCHOOLS
   correspondence college                24 Apr 1919 (p4, c4-5)

   elections--see Elections

   high school needed  5 Mar 1915 (p1, c3&5), 7 May 1915 (p1, c5), 21 May 1915 (p4, c1-2)

SCHOOLS--BARSTOW
   Barstow Union High School (B.U.H.S.)  18 Jan 1913 (p1, c3-4),

SCHOOLS--BARSTOW (cont.)

20 Aug 1915 (p1, c1-2&3), 10 Sept 1915 (p1, c1-2), 17 Dec 1915 (p1, c2), 10 Mar 1916 (p3, c2), 2 June 1916 (p1, c5), 3 Nov 1916 (p5, c1-2), 26 Jan 1917 (film spot 3, c4-5), 9 Feb 1917 (p3, c4-5), 16 Feb 1917 (p1, c1), 8 June 1917 (p1, c1-2), 7 Mar 1918 (p1, c3), 30 May 1918 (p1, c1), 6 June 1918 (p1, c3-4), 23 Jan 1919 (p1, c2), 30 Jan 1919 (p1, c5), 6 Feb 1919 (p1, c5), 13 Feb 1919 (p1, c3), 20 Feb 1919 (p1, c4), 27 Feb 1919 (p1, c1), 6 Mar 1919 (p1, c2), 13 Mar 1919 (p1, c2), 3 Apr 1919 (p1, c5), 5 June 1919 (p1, c3-4), 12 June 1919 (p1, c2), 19 June 1919 (p1, c2), 28 Aug 1919 (p1, c5), 2 Oct 1919 (p1, c5), 9 Oct 1919 (p1, c4), 16 Oct 1919 (p1, c5), 4 Dec 1919 (p5, c3), 18 Dec 1919 (p1, c2), 22 Jan 1920 (p1, c4), 12 Feb 1920 (p1, c2), 18 Mar 1920 (p1, c1-2; p2, c1), 13 May 1920 (p1, c3), 3 June 1920 (p1, c2&3), 10 June 1920 (p1, c5), 9 Sept 1920 (p1, c2), 23 Sept 1920 (p1, c4), 30 Sept 1920 (p1, c4), 21 Oct 1920 (p1, c5), 9 Dec 1920 (p1, c2)

   B.U.H.S. budget & finance        18 Mar 1920 (p1, c4-5)

   B.U.H.S. construction  18 July 1918 (p6, c5), 26 Sept 1918 (p1, c4-5), 3 Oct 1918 (p1, c2-4, photo), 23 Jan 1919 (p1, c2), 29 Jan 1920 (p1, c3), 22 Apr 1920 (p1, c3)

   B.U.H.S. drama & music  23 May 1918 (p3, c1), 30 May 1918 (p1, c1-2), 5 June 1919 (p1, c3-4), 10 June 1920 (p1, c3), 4 Nov 1920 (p7, c1)

   B.U.H.S. editorials & letters    10 Apr 1919 (p1, c5; p3, c2)

   B.U.H.S. publications  20 Apr 1917 (film spot 3), 4 May 1917 (film spot 3), 30 May 1918 (p1, c2), 27 May 1920 (p1, c3)

   B.U.H.S. social            29 May 1919 (p1, c5; p3, c1)

   B.U.H.S. sports  23 Feb 1917 (p4, c5), 2 Mar 1917 (p1, c2), 1 May 1919 (p1, c5)

   Board                           26 Apr 1912 (p4, c2)

   bonds                 9 May 1918 (p3, c3), 20 Nov 1919 (p1, c4)

   budget & finance     24 Mar 1911 (p2, c1), 8 Apr 1920 (p1, c5)

   construction & repairs  11 Nov 1910 (p2, c4), 30 Dec 1910 (p4, c3), 27 Jan 1911 (p1, c4), 3 Feb 1911 (p7, c3), 21 May 1915 (p4, c1-2)

   drama & music  3 June 1920 (p1, c3), 4 Nov 1920 (p7, c1), 16 Dec 1920 (p1, c2)

   high school proposal  25 Apr 1913 (p1, c4), 9 May 1913 (p1, c2)

   honor rolls  13 Feb 1914 (p1, c4), 13 Mar 1914 (p1, c4), 17 Apr 1914 (p1, c5), 4 Nov 1920 (p2, c2), 9 Dec 1920 (p1, c2)

SCHOOLS, BARSTOW (cont.)

    immigrants                                              13 Feb 1919 (p1, c2)

  misc. reports  11 Nov 1910 (p2, c4), 24 Feb 1911 (p2, c1), 17 Mar 1911 (p3, c4), 18 Aug 1911 (p3, c3), 15 Sept 1911 (p1, c2), 12 Jan 1912 (p4, c4), 14 June 1912 (p5, c2), 20 Sept 1912 (p2, c2), 7 Feb 1913 (p1, c4), 13 June 1913 (p1, c5), 8 Aug 1913 (p1, c4), 6 Feb 1914 (p1, c2), 20 Feb 1914 (p1, c4), 12 June 1914 (p4, c2), 11 Dec 1914 (p4, c4), 6 Oct 1916 (p1, c3), 22 June 1917 (p1, c4), 19 Sept 1918 (p1, c4), 15 Jan 1920 (p1, c4), 6 May 1920 (p1, c3), 3 June 1920 (p1, c2), 26 Aug 1920 (p1, c5)

  P.T.A. (Parent Teacher's Assn.)  10 Oct 1918 (p1, c3), 10 June 1920 (p1, c2)

  physical education equipment  30 Aug 1912 (p2, c3), 7 Feb 1913 (p1, c4)

  teachers  19 Aug 1910 (p2, c4), 23 Sept 1910 (p8, c3), 3 June 1920 (p1, c2)

SCHOOLS--HINKLEY
  bonds                                                  30 Sept 1910 (p2, c1)

  construction  17 Mar 1911 (p2, c4), 24 Mar 1911 (p1, c4), 7 Apr 1911 (p4, c2)

    dates                                               7 Apr 1911 (p4, c2)

    fires                                               14 Oct 1920 (p3, c5)

    misc.             3 May 1912 (p5, c4), 15 June 1917 (p1, c1)

SCHOOLS--LUCERNE                     23 May 1913 (p8, c4)

SCHOOLS--MACE--construction         29 Nov 1912 (p9, c3)

SCHOOLS--NEWBERRY--construction      29 Aug 1913 (p1, c5)

SCHOOLS--OTIS-YERMO
  report          3 Feb 1911 (p7, c3), 17 Feb 1911 (p1, c3)

SCHOOLS, PRIVATE--new              18 Nov 1910 (p1, c1)

SCHOOLS--SUNRISE VALLEY
  construction      7 Feb 1913 (p4, c3), 16 May 1913 (p8, c3)

  district formed                  17 Jan 1913 (p4, c1)

SCHOOLS--TODD--merger with Mace      29 Nov 1912 (p9, c3)

SCOTT, ARTHUR R.                   11 July 1918 (p1, c2)

SCOTT, DOROTHY--marriage           11 July 1918 (p1, c2)

| | |
|---|---|
| SCOTT, H. R.--death | 23 May 1913 (p5, c2) |
| SCOTT, WALTER ("Death Valley Scottie") | 29 Aug 1913 (p1, c4) |
| SEARCHLIGHT--misc. news--regular column 1911 | |
| SEARLES, DENNIS--killed | 8 Dec 1916 (p1, c3) |
| SEWERS--BARSTOW | 20 Jan 1911 (p1, c2) |
| SHAPER, B. W. (County Agent) | 8 Jan 1920 (p1, c2) |
| SHARMAN, LANNIS | 6 Feb 1919 (p1, c5) |
| SHEPHERD, GEORGE--death | 1 Sept 1911 (p10, c4) |
| SHOEMAKER, ROY--killed in mine | 7 Oct 1920 (p4, c5) |
| SIBLEY, H. D.--candidate   8 July 1910 (p1, c1), 19 Aug 1910 (p4, c2), 4 Nov 1910 (p4, c4, photo) | |
| SIEGFRIED, H. N. | 26 Feb 1920 (p1, c2) |
| SIEMON, GEORGE | 24 June 1920 (p1, c3) |
| SILVER LAKE--misc.--occasional column 1910-1912, 1914 | |
| SIMON, Mr.--buys Fletcher Opera House | 21 Oct 1920 (p3, c5) |
| SIMPSON, J. WILLIAM--marriage | 4 May 1917 (p4, c3) |
| SINGLETON, JOHN, Mrs.--see De Pauw, Madame | |
| SKINNER, "DAD"--arrested | 20 Mar 1919 (p3, c1) |
| SLOAN, J. H., Mrs. | 25 Mar 1920 (p1, c2) |
| SLOCUM, SAMUEL L. (mine manager) | 10 Feb 1911 (p1, c2) |
| SMITH, A. F., Mrs. ("Mother") | 2 May 1918 (p1, c1) |
| SMITH, ADELINE--marriage | 16 Oct 1919 (p1, c5) |
| SMITH, C. C., Dr. (dentist) | 12 May 1911 (p1, c1) |
| SMITH, C. W. | 27 Jan 1911 (p3, c1) |
| SMITH, EDWARD--death | 23 Dec 1910 (p3, c4) |
| SMITH, ESTES, Mr. & Mrs. | 10 July 1919 (p1, c5) |
| SMITH, M. J. (mining partner)--death | 31 Jan 1913 (p1, c1) |
|    misc. | 10 Feb 1911 (p7, c3) |

SMITH, M. J., Mrs.
   birthday                                           10 Nov 1911 (p2, c2)

   buys hotel                                      2 June 1916 (p1, c5)

   misc.                                                 13 June 1913 (p1, c3)

SNELL, G. B.--elected Justice            11 Nov 1910 (p1, c1)

SOLDNER, J., Mr. (Principal)            20 Sept 1912 (p2, c2)

SOUTHERN PACIFIC RAILROAD--see Railroads (Southern Pacific)

SPELLMAN, MARIE--death                  18 July 1913 (p1, c4)

SPERRY, R. D.                               12 June 1919 (p1, c2)

SPIRITUALISTS                            23 Sept 1910 (p3, c1)

SPORTS--see Recreation

SPRECHER, L. M.--candidate             8 July 1910 (p1, c1)

SPRIGGS, GEORGE                      23 Sept 1910 (p3, c1)

SPRINGER, TOM--killed                   20 Jan 1911 (p4, c4)

SRY, J. M.--killed                        4 July 1913 (p1, c5)

STAGG--see Ludlow

STANFIELD, E. L.                        4 July 1913 (p1, c2)

STARK, MILDRED--marriage             20 Apr 1917 (p1, c4)

STAUTER, CHARLES E., Dr. (dentist)
   candidate                                 29 July 1920 (p11, c1-5)

   misc.                                                 29 Sept 1911 (p8, c2-3)

STEINER, J. C.--shot                     5 Apr 1912 (p3, c2)

STORMS--see Weather

STUCHBERRY, J. L.--elected Constable     11 Nov 1910 (p4, c1)

SUFFRAGE--see Women's suffrage

SUICIDES   18 Oct 1912 (p7, c3), 16 Jan 1914 (p1, c5), 12 May 1916 (p1, c1&4), 8 Dec 1916 (p1, c1), 26 Jan 1917 (p1, c5)

SUNRISE VALLEY--misc. news--occasional column 1912-1913

SUPERIOR VALLEY--misc. news--occasional column 1916-1917, 1919
                                                                      30 Dec 1920 (p1, c2)

SURLES, IVA, Miss--birthday				14 Jan 1916 (p3, c2)

SWARTZ, D. C.--candidate				8 July 1910 (p1, c1)

TAXES
  Constitutional amendment   19 Aug 1910 (p4, c1), 18 Nov 1910 (p1, c4)

    editorials					7 Oct 1910 (p4, c4)

    mines						19 July 1910 (p4, c1)

    oil						8 Sept 1911 (p2, c4)

    railroad					24 Feb 1911 (p1, c1)

    road		28 Jan 1916 (p1, c1), 11 Feb 1916 (p1, c3)

TAXES, COUNTY

  assessment rates & valuation   23 Sept 1910 (p7, c1), 19 July 1912 (p1, c1&2), 26 June 1914 (p2, c1), 5 Mar 1915 (p1, c5), 14 July 1916 (p1, c4), 21 Aug 1919 (p1, c5)

    Assessor		26 Jan 1912 (p1, c4), 3 June 1920 (p2, c2)

    corporate exemption			20 Jan 1911 (p2, c1)

  delinquencies & notices   20 Oct 1911 (p7, c4), 8 July 1920 (p1, c3), 14 Oct 1920 (p1, c3)

  editorials & letters   15 July 1910 (p2, c1), 29 July 1910 (p5, c3), 6 Jan 1911 (p2, c1), 20 Jan 1911 (p2, c1), 27 Jan 1911 (p3, c1), 22 Sept 1911 (p1, c1), 26 Jan 1912 (p1, c4), 19 July 1912 (p1), 5 Mar 1915 (p2, c1-2), 10 Oct 1918 (p1, c5)

    farms						10 Mar 1911 (p2, c1)

  government claims & homesteads   20 May 1920 (p1, c2), 8 July 1920 (p1, c2&5)

    railroad					16 July 1915 (p1, c5)

    state takeover				25 Dec 1914 (p1, c1)

TAXES, FEDERAL		27 Feb 1919 (p1, c4), 12 June 1919 (p1, c1)

TAYLOR, SAMUEL (attorney)			8 Dec 1916 (p1, c1)

TELEPHONE SERVICE
    ads		5 Sept 1918 (p2, c5), 2 Sept 1920 (p4, c5)

    construction				26 Dec 1913 (p1, c4)

    editorials & letters			5 Mar 1915 (p1, c2)

TELEPHONE SERVICE (cont.)

    Interstate          21 Feb 1913 (p1, c3), 12 Dec 1913 (p1, c4)

    misc.  30 Aug 1912 (p2, c1), 24 Jan 1913 (p8, c2), 8 Dec 1916 (p1, c2), 13 Apr 1917 (p2, c4)

    rates                            12 June 1919 (p1, c2)

TELEPHONE SERVICE--BARSTOW          27 Apr 1917 (p1, c5)

THOMAS, F. W.--suicide              26 Jan 1917 (p1, c5)

THOMAS, H. B., Mr. (Principal, Barstow Union High School)  20 Aug 1915 (p1, c1-2), 13 Feb 1919 (p1, c5), 27 Feb 1919 (p1, c5), 18 Mar 1920 (p1, c1-2)

THOMPSON, HARRY LEE--death           20 Oct 1911 (p8, c1)

THOMPSON, JESSE (railroad engineer)
    death                          19 Dec 1913 (p8, c3)

THOMPSON, MINNIE V., Mrs.--marriage     9 Feb 1912 (p1, c3)

TIERNAN, B. H.                    26 Dec 1918 (p1, c1-2)

TIERNAN, BEVERLY, Mr.             19 Sept 1918 (p2, c2)

TIERNAN, LLOYD E. (<u>Barstow Printer</u> Publisher & Editor)   20 Mar 1919 (p1, c2), 17 July 1919 (p1, c2&3), 11 Mar 1920 (p1, c3), 16 Dec 1920 (p1, c3)

TODD--news--regular column 1910-1911

TOON, LEE QUE                    28 Oct 1910 (p3, c4)

TORRES, JOSE--arrested for shooting S. Ramos 25 Oct 1912 (p8, c4)

TRASH--see Sanitation

TRAVIS, E. L., Miss (teacher)        15 Sept 1911 (p1, c2)

TRONA--misc. news--occasional column 1919-1920

TURNER, ROBERT--suicide             12 May 1916 (p1, c1)

TURNER, ROBERT, Mrs. "Grandma"--death   5 Apr 1912 (p1, c1)

TYLER, SETH--death                 11 Mar 1920 (p1, c1)

ULM, H. D.                          16 May 1918 (p1, c2)

URSCHELL, J. SOL--death in service     2 Jan 1919 (p1, c4)

UTILITIES
   see also Water; Electric; Telephone; World War I --water; etc.

   ads  6 June 1918 (p4, c4-5), 18 July 1918 (p5, c1-5), 27 Feb 1919 (p3, c4-5), 22 Jan 1920 (p2, c4-5), 19 Feb 1920 (p4, c4-5), 1 Apr 1920 (p3, c3-5)

   Barstow Utility Co.                      10 July 1914 (p3, c1)

   editorials & letters                     1 Apr 1920 (p2, c1)

   Imperial Utilities Co.                   26 Feb 1920 (p1, c2)

   Mono Power Co.                           19 Feb 1920 (p1, c3)

   Sierra Light & Power  3 Nov 1911 (p1, c1), 17 Nov 1911 (p4, c4), 24 Nov 1911 (p4, c3), 12 Jan 1912 (p1, c4)

   Southern Sierras Power Co.  15 Mar 1912 (p1, c2), 21 Feb 1913 (p1, c4), 4 July 1913 (p1, c5), 16 Jan 1914 (p1, c3), 23 Jan 1914 (p1, c3), 21 May 1915 (p1, c2), 23 July 1915 (p2, c1), 30 Mar 1917 (p1, c3), 24 July 1919 (p2, c2), 19 Feb 1920 (p1, c3), 25 Mar 1920 (p1, c2), 12 Aug 1920 (p1, c5), 18 Nov 1920 (p4, c3)

UTILITIES--BARSTOW
   Barstow Utility  26 July 1912 (p2, c1), 13 Sept 1912 (p1, c2), 13 Mar 1919 (p1, c5)

   misc.              14 Feb 1913 (p1, c2), 12 Dec 1913 (p4, c1)

VAN DYKE, DIX  6 June 1918 (p1, c5), 10 Oct 1918 (p1, c5), 17 Apr 1919 (p1, c2), 12 June 1919 (p1, c1), 18 Mar 1920 (p1, c4-5)

VAN DYKE, Judge--re-elected                 11 Nov 1910 (p2, c1)

VAN HORNE, MARIE--marriage                  30 Dec 1920 (p1, c5)

VAN WIE, C. D.--candidate  8 July 1910 (p1, c1), 19 Aug 1910 (p4, c2), 4 Nov 1910 (p3, c4)

VICKERY, LOLA M.--marriage                  15 Apr 1920 (p1, c3)

VICTOR PORTLAND CEMENT CO.--see Business (Victorville)

VICTORVILLE--misc. news--regular column 1910-1913

VOISSEY, HENRY DICKERSON--infant dies       6 Nov 1919 (p1, c2)

WADLEY, JOHN (Judge)
   death                                    8 Nov 1912 (p8, c4)

WADLEY, JOHN (cont.)
   re-elected                               11 Nov 1910 (p4, c1)

WAGNER--see also Newberry-Wagner

WAGNER (cont.)

  misc.--occasional column 1914

WAGNER, LOUIE--death from influenza        10 Oct 1918 (p1, c2)

WALTERS, EMMA--marriage                6 June 1918 (p1, c1)

WALTERS, GEORGIA H.--marriage          27 Apr 1917 (p3?, c3)

WARD, JOSEPH                           4 May 1917 (p1, c3)

WARE, J. C.--injury                    12 Aug 1920 (p1, c5)

WATER (town)--misc. news--occasional column 1920

WATER AND IRRIGATION
  artesian sources   11 Nov 1910 (p3, c1), 12 Apr 1912 (p3, c1), 25 Oct 1912 (p2, c2), 9 Jan 1914 (p8, c4-5, photo)

    canals to coast                    3 Mar 1911 (p1, c4)

    hidden pools                       19 Aug 1910 (p3, c4)

  misc.  8 July 1910 (p3, c1; p7, c2-3), 15 July 1910 (p3, c1; p3, c4), 2 Sept 1910 (p3, c1), 16 Sept 1910 (p3, c1), 18 Nov 1910 (p2, c4), 31 Mar 1911 (p2, c1; p4, c4), 25 Aug 1911 (p3, c1), 8 Sept 1911 (p2, c1), 22 Mar 1912 (p2, c1), 5 Apr 1912 (p4, c4), 19 Apr 1912 (p3, c1), 3 Jan 1913 (p8, c2), 11 Dec 1914 (p8, c3-4), 25 Dec 1914 (p2, c2-3), 11 July 1918 (p1, c2), 24 Apr 1919 (p1, c1)

  projects  4 Dec 1914 (p1, c3; p8, c3-4), 18 Dec 1914 (p1, c2-3), 5 Mar 1915 (p1, c1), 7 May 1915 (p1, c1), 6 Aug 1915 (p1, c4; p8, c3), 20 Aug 1915 (p1, c4), 5 Nov 1915 (p1, c4), 7 Jan 1916 (p1, c1-2), 28 Jan 1916 (p1, c5)

WATER AND IRRIGATION--VICTOR VALLEY  4 Dec 1914 (p1, c3), 7 Jan 1916 (p1, c3), 1 Dec 1916 (p2, c3 & p6, c3), 8 Dec 1916 (p1, c3)

WATER AND IRRIGATION--YERMO VALLEY      10 Mar 1916 (p1, c1-2)

WATER COMPANIES--see also Utilities; World War I--water utilities

  Appleton Land, Water & Power   19 Jan 1912 (p6, c1-2), 26 Jan 1912 (p5, c1), 26 Apr 1912 (p3, c4)

    Arrowhead                          1 Sept 1911 (p10, c4)

    impure water                      31 Mar 1911 (p5, c3)

    land holders                       2 Dec 1910 (p3, c1)

  Mojave River Land & Water   5 May 1911 (p2, c4), 12 Sept 1913 (p1, c1)

WATER COMPANIES--BARSTOW--Barstow Utility    13 Mar 1919 (p1, c5)

WATER RATES
  reduction question    10 Feb 1911 (p1, c1), 28 Apr 1911 (p2, c1)

WATER RIGHTS    22 Sept 1911 (p1, c4; p5, c4), 19 Jan 1912 (p6, c1), 26 Jan 1912 (p5, c1; p6, c3)

WATER TANKS                                   24 June 1920 (p3, c1)

WATER--VICTOR VALLEY    26 Sept 1913 (p8, c4-5), 13 Feb 1914 (p8, c3-4)

WATERMAN, ABBY L., Miss
  elected School Trustee                      12 Apr 1912 (p4, c2)

  misc.                                       14 Oct 1920 (p1, c4)

WATERMAN, JANE GARDNER, Mrs.--death           17 Apr 1914 (p1, c2)

WATERMAN, ROBERT WOOD, Mrs.                   2 June 1916 (p1, c2)

WATLEY, CLAUDE & JOSIE                        5 Dec 1918 (p1, c5)

WATSON, JOE--killed                           26 Dec 1918 (p1, c5)

WEATHER
  floods    22 Sept 1911 (p9, c2), 24 May 1912 (p4, c4), 31 May 1912 (p1, c1), 30 Jan 1914 (p1, c2), 27 Feb 1914 (p1, c4-5), 28 Jan 1916 (p1, c5), 4 Feb 1916 (p1, c2), 20 June 1918 (p1, c2)

  rain & electrical    19 July 1912 (p1, c3), 29 Aug 1913 (p1, c3), 5 Sept 1913 (p8, c5), 4 Feb 1916 (p8, c3), 20 June 1918 (p1, c2&5), 4 July 1918 (p1, c3), 11 July 1918 (p1, c5), 26 Sept 1918 (p3, c2), 3 Oct 1918 (p1, c5), 10 Oct 1918 (p1, c5), 29 May 1919 (p1, c4)

  snow    10 Jan 1913 (p1, c4), 31 Dec 1915 (p1, c4), 26 Jan 1917 (p1, c2), 20 Mar 1919 (p1, c5)

    temperatures                              12 Aug 1920 (p2, c3)

    tornadoes & cyclones                      14 Feb 1914 (p1, c5)

  wind & sand    13 Sept 1912 (p4, c1), 18 Jan 1918 (p1, c5), 20 June 1918 (p1, c5)

WEAVER, CHARLES--robbery arrest               29 Oct 1915 (p1, c4)

WEAVER, WARREN--candidate                     15 July 1910 (p1, c3)

WEBSTER, BILLY       3 Apr 1919 (p1, c1), 5 June 1919 (p1, c5)

WEBSTER, WALTER--marriage                     16 Oct 1919 (p1, c5)

| | |
|---|---|
| WEBSTER, WILLIAM--birthday | 6 Feb 1914 (p8, c4) |
| WEBSTER, WILLIAM EDWARD | 2 May 1918 (p1, c5) |
| WEICK, H. P.--marriage | 16 Sept 1920 (p1, c2) |
| WEIDENMILLER, GERTRUDE--see Hadley, Gertrude | |
| WEIKEL, GEORGE W.--death | 26 Apr 1912 (p3, c1) |
| WEINSTOCK, HARRY--marriage | 27 May 1920 (p1, c5) |
| WENDELL, FRED (Pres., Barstow Paraffin) | 10 May 1912 (p1, c3) |
| WHEELER, WILLIAM EDWARD | 2 May 1918 (p1, c5) |
| WHITE, CHARLES--death | 20 June 1913 (p1, c5) |
| WHITE, CHESTER--killed | 24 June 1920 (p1, c4) |

WHITE, E. L.
   appointed School Board     26 Apr 1912 (p4, c2)

   misc.     3 Feb 1911 (p1, c3)

| | |
|---|---|
| WHITE, E. L., Mrs. | 26 Feb 1920 (p1, c3) |
| WHITE, E. R., Mrs. | 21 May 1915 (p1, c1) |

WHITE, J. O., Dr.
   death     20 Mar 1919 (p1, c5)

   misc.     16 May 1918 (p1, c5)

WILD ANIMALS
   badgers     26 Jan 1917 (p1, c4)

   burros     4 Apr 1913 (p1, c4)

   coyotes     29 July 1920 (p1, c3)

   foxes     26 Jan 1917 (p1, c4)

   traps     26 Jan 1917 (p1, c4)

   wildcats   4 Nov 1910 (p2, c3), 15 Aug 1913 (p1, c4), 6 Oct 1916 (p1, c5)

| | |
|---|---|
| WILHITE, MAY (teacher) | 23 Sept 1910 (p8, c3) |
| WILHITE, R. M.--suicide | 19 Jan 1912 (p2, c2) |
| WILLIAMS, FRANK--wounded in service | 9 Jan 1919 (p1, c3) |
| WILLIAMS, GEORGE--death | 9 May 1913 (p4, c1) |

WILLIAMS, MACK W. H.--candidate  9 Sept 1910 (p1, c3), 28 Oct 1910 (p3, c4, photo), 25 July 1918 (p4, c5)

WILLIS, HENRY M.--candidate　　　　　　30 Oct 1914 (p2, c3)

WILSON, A. J.--candidate　　　　　　　12 Aug 1910 (p1, c2)

WILSON, BERT　　　　　　　　　　　　　30 Mar 1917 (p1, c2)

WILSON, D. F. (Sec., Kramer Consolidated Oil)　8 July 1910 (p1, c2)

WILSON, GEORGE W. (grammar school Principal)　22 June 1917 (p1, c4)

WILSON, H. B.--candidate  8 July 1910 (p1, c1), 19 Aug 1910 (p4, c2), 4 Nov 1910 (p2, c1, photo)

WILSON, LUCY　　　　　　　　　　　　　9 Sept 1920 (p1, c2)

WILSON, MABEL--marriage　　　　　　　23 Dec 1920 (p1, c2)

WIND POWER--agriculture　　　　　　　20 Oct 1911 (p7, c1)

WIND STORMS--see Weather

WINERIES--see Business

WINFIELD, OLIVER　　　　　　　　　　　5 June 1919 (p1, c2)

WOMEN VOTERS　　　　　　　　　　　　　17 Nov 1911 (p4, c2)

WOMEN'S RIGHTS
    editorials　　　20 Oct 1911 (p1, c1), 15 Dec 1911 (p3, c1)

WOMEN'S SUFFRAGE
    editorials  7 Apr 1911 (p2, c1), 21 July 1911 (p2, c1), 4 Aug 1911 (p3, c1), 22 Sept 1911 (p5, c3)

WOODBECK, L. E.　　　28 Nov 1913 (p1, c4), 5 Dec 1913 (p1, c4)

WOODS, MARY--marriage　　　　　　　　3 Nov 1911 (p3, c2)

WORLD WAR I
    Armistice　　　　　　　　　　　　14 Nov 1918 (p1, c3)

    declaration　　　　　　　　　　　6 Apr 1917 (p2, c1-2)

    disagreements　　　　　　　　　　13 Apr 1917 (p1, c3)

    draft & enlistment  6 Apr 1917 (p1, c3), 13 Apr 1917 (p5, c3),
WORLD WAR I (cont.)

7 Mar 1918 (p1, c1-2&5), 9 May 1918 (p2, c1), 16 May 1918 (p1, c2), 30 May 1918 (p1, c3), 6 June 1918 (p1, c1), 20 June 1918

77

(p1, c5), 27 June 1918 (p1, c2), 11 July 1918 (p1, c1), 18 July 1918 (p1, c1-2&5), 29 Aug 1918 (p1, c1&2), 5 Sept 1918 (p1, c4; p2, c4-5), 12 Sept 1918 (p1, c2), 19 Sept 1918 (p1, c2&4), 26 Sept 1918 (p1, c3), 10 Oct 1918 (p1, c3), 14 Nov 1918 (p1, c4; p3, c2), 17 July 1919 (p1, c3)

draft evaders     4 July 1918 (p1, c1), 16 Jan 1919 (p1, c2&5)

editorials & letters  6 Apr 1917 (p2, c1-2), 13 Apr 1917 (p2, c1-2), 4 May 1917 (p2, c1-2)

enlistment ads                    2 May 1918 (p3, c1-2, photo)

fundraising--see also World War I -- patriotic events; --volunteer groups; etc.
    9 May 1918 (p1, c3), 16 May 1918 (p1, c1,4&5), 23 May 1918 (p1, c1; p4, c3-5), 30 May 1918 (p1, c4-5; p2, c1-2), 13 June 1918 (p1, c1), 27 June 1918 (p1, c3&5), 3 Oct 1918 (p1, c5), 10 Oct 1918 (p1, c4), 24 Oct 1918 (p1, c5), 7 Nov 1918 (p1, c3-4), 24 Apr 1919 (p2, c3; p4, c3, photo), 1 May 1919 (p1, c2; p3, c2), 8 May 1919 (p1, c3), 22 May 1919 (p1, c5)

locals in service  2 May 1918 (p1, c1&5; p3, c3), 9 May 1918 (p1, c2), 16 May 1918 (p1, c1), 23 May 1918 (p1, c3&5), 30 May 1918 (p1, c1&2), 6 June 1918 (p1, c2; p3, c1-5 to p2, c3), 13 June 1918 (p1, c5; p3, c1-5), 20 June 1918 (p1, c5), 27 June 1918 (p1, c5), 19 Sept 1918 (p1, c1; p2, c2&3), 26 Sept 1918 (p2, c3), 6 Dec 1918 (p1, c1&5), 19 Dec 1918 (p1, c5), 26 Dec 1918 (p1, c1-2), 2 Jan 1919 (p1, c4; p2, c5), 9 Jan 1919 (p1, c3), 30 Jan 1919 (p1, c3), 13 Feb 1919 (p3, c3), 20 Feb 1919 (p1, c2; p3, c1-3), 6 Mar 1919 (p1, c1), 3 Apr 1919 (p1, c1), 24 Apr 1919 (p1, c2; p3, c1-2), 1 May 1919 (p1, c2), 5 June 1919 (p1, c2&5), 10 July 1919 (p1, c2)

patriotic events  2 May 1918 (p1, c1), 30 May 1918 (p2, c3), 11 July 1918 (p1, c5), 26 Sept 1918 (p1, c3), 3 Oct 1918 (p1, c5), 14 Nov 1918 (p1, c3; p3, c1), 12 Dec 1918 (p1, c2), 6 Mar 1919 (p1, c4), 27 Mar 1919 (p1, c4), 22 May 1919 (p1, c1), 24 July 1919 (p1, c5)

"slackers"--see World War I--draft evaders

Victory Buttons                    24 July 1919 (p1, c2)

volunteers (Red Cross, etc.)--see also Charities
    4 May 1917 (p1, c3), 22 June 1917 (p1, c1&4-5), 29 June 1917 (p1, c1-2&3), 18 Jan 1918 (p1, c2), 2 May 1918 (p1, c2&5; p2, c3), 9 May 1918 (p1, c5; p4, c1), 16 May 1918 (p1, c2), 23 May 1918 (p1, c1&2), 4 July 1918 (p1, c5), 11 July 1918 (p1, c5), 18 July 1918 (p1, c5), 25 July 1918 (p1, c1), 26 Sept 1918 (p1, c1-2&3), 3 Oct 1918 (p4, c1), 10 Oct 1918 (p1, c2), 5 Dec 1918 (p1, c5), 23 Jan 1919 (p1, c2), 1 May 1919 (p1, c3-4), 17 July 1919 (p1, c2), 31 July 1919 (p1, c5)

water utilities                    4 May 1917 (p1, c4)

WORLD WAR I VETERANS

   assistance   3 Apr 1919 (p2, c1-4; p4, c3-4), 13 May 1920 (p2, c1-2)

   convalescent homes--see Military

   foreign                              31 July 1919 (p1, c5)

   land--see Land claims & homesteads

   misc.  12 Dec 1918 (p1, c1; p4, c2), 26 June 1919 (p1, c5), 17 July 1919 (p1, c2)

WRAY, JOHN C.--bylines 1920

YARGER, D. W., Mrs.                15 Aug 1913 (p8, c5)

YERMO--see also Otis-Yermo

   misc.--occasional column 1916-1917, 1920

YICK, GEORGE (restaurateur)
   misc. 31 Dec 1915 (p2, c1), 1 May 1919 (p4, c4), 22 July 1920 (p2, c1)

   officer in Chinese revolutionary forces   22 Aug 1913 (p1, c4)

YOKAM, E. J.--candidate            29 July 1910 (p1, c2)

YOUNG, EDDIE (fighter-preacher)      5 Jan 1912 (p4, c2)

YOUNG, JOHN--death                6 Nov 1919 (p1, c2)

YOUNGS, FRED--death              22 Apr 1920 (p1, c5)